KB205262

탁월한 성경 학자이자, 친절한 신앙 안내자인 폴라 구더는 이번에도 독자들에게 잔잔하지만 깊은 사색을 선사한다. 이 책은 사순절 기간 동안 '광야'라는 캔버스에 예수님의 생애를 채우도록 안내한다. 저자는 먼저 구약성경에 기록된 광야를 살펴보고 묵상하는 것으로 이야기를 시작한다. 그러고 나서 네 복음서를 중심으로 '광야'의 길을 통과하신 예수님의 생애와 '광야'로 부름받은 제자들의 길을 소개한다. 저자의 말대로 우리 역시도 양면성을 지닌 광야의 여정 위에 있다. 첫 제자들이 그랬던 것처럼, 우리 역시 광야의 예수님을 모델로 따라야 한다. 이 책을 통해 우리는 광야에서 펼쳐진 예수님의 고난과 승리를 깊이 배우고 묵상할 수 있을 것이다.

강대훈 | 개신대학원대학교 신약학 교수

광야의 경험은 우리를 복되게 하고 유익하게 하지만 그렇다고 또 반드시 좋은 결과만을 만들어내는 것은 아니다. 때로 광야는 왜곡된 신앙과 신념을 더욱 강화시키거나 이런저런 상처를 남기기도 한다. 무엇보다 한 개인이 가진 광야의 서사가 지나치게 압도적이면 하나님의 말씀을 듣는 데 걸림돌이 되기도 한다. 실제로 우리 시대의 신자들이 성경이 말하는 광야를 듣고 배우기보다 해피 엔딩으로 끝나는 간증을 선호하는 이유이다. 하지만 이제 성경이 말하는 광야의 깊은 의미를 살펴볼 때이다. 사순절을 맞아 광야를 깊이 있고 균형 있게 풀어낸 폴라 구더의 메시지를 듣고 배워야 할 때이다. 그로써 광야가 도전하고 위협하는 것이 무엇인지, 우리를 빚으시는 하나님의 손길과 은혜가 무엇인지, 그 시간이 제자도와 어떤 밀접한 관계를 갖는지 깨닫게 될 것이다. 책을 덮을 즈음, 우리 영혼에 광야의 의미가 선명하고 포괄적으로 정리되리라 확신한다.

김관성 | 행신교회 담임목사

때로 우리의 삶을 산이나 강, 바다와 같은 자연에 비유하곤 한다. 하지만 그중에서도 광야가 우리 그리스도인에게는 가장 중요한 비유라 할 수 있다. 광야에는 아무 것도 없는 텅 빈 곳이다. 모든 곳이 길인 듯 해도 결국 어디에도 길이 없는 곳이다. 심지어 광야는 지도마저 무용지물인 곳이다. 그렇기에 하나님의 임재가 더없이 갈급하고 또 절대적인 곳이다. 이 책을 통해 당신의 광야에 별이 뜨고, 꽃을 피며, 길을 열릴 것이다. 이전보다 더욱 당신의 삶이 풍요로워 질 것이다.

김기현 | 로고스서원 대표

사순절은 광야를 찾아 나가는 절기다. 광야는 위험과 기회가 공존하는 곳이다. 사탄의 유혹이 그 어느 곳보다 강하지만, 동시에 하나님을 만나기에 더 없이 좋은 곳이다. 사순절 묵상은 시간과 일상 속에 광야를 만드는 일이다. 그 광야에 천막을 치고 머물러 앉아 영적인 위험에 자신을 노출하는 일이다. 위험의 요소가 없으면 도전도 없고 변화도 없다. 위험을 감수하지 않으면 기회를 얻을 수 없다. 폴라 구더는 이 책을 통해 독자로 하여금 자신이 선 자리에서 광야를 경험하도록 돕는다. 성경에 나와 있는 광야 이야기들을 매개로 하여 광야가 아니고는 경험할 수 없는 체험으로 인도한다. 그리고 광야에서의 연단이 제자직으로 이어질 수 있도록 돕는다. 부드럽고 따뜻한 필체로 독자를 안내하는데 그 글에 담긴 도전은 시퍼렇다. 사순절에 함께 할만한 좋은 벗이다.

김영봉 | 와싱톤사귐의교회 담임목사

부활절로 가는 40일의 여정을 위한 아주 중요하고도 깊이 있는 책이다. 이 책은 독자로 하여금 물이 차고 넘치는 일상을 떠나 메마른 광야로 데려간다. 그리고 그곳에서 다른 차원의 물을 발견하게 하고, 일상이 주는 안정감을 떠나 고요와 침묵 속에서 생명력을 맛보게 한다. 아울러 광야에 선 우리에게 자기 십자가를 지고 그리스도를 따라 걸을 수 있는지 도전한다. 이 책은 읽는 내내 우리의 영혼은 불편함을 느낄 것이다. 벗어나고 싶은 광야로 다시 이끌고, 벗어버리고 싶은 자기 십자가를 다시 지고 가도록 도전하기 때문이다. 부활절로 가는 길목에서 서 있는 이들에게 이 책의 일독을 권한다.

박윤만 | 대신대학교 신약학 교수

사순절을 의식하고 의도적으로 참여하는 시간을 마련하기가 어려운 시대이다. 하지만 익숙하게 길들여진 삶으로부터 의도적으로 벗어나 예수님과 함께 광야를 걷는 시간은 더할 나위 없이 깊고 장엄한 시간이다. 또한 그 시간은 익숙한 현실을 낯설게 만들고, 나를 길들여 온 것들이 드러나는 시간이다. 그리고 그 가운데서 하나님은 광야에서도 옳으시다는 진리가 분명하게 밝혀진다. 이 책을 통해 우리는 우리의 본래 자리를 찾게 되고 또 달라진 모습을 보게 될 것이다. 차분하지만 깊이 있게, 광범위하지만 세심한 손길로 우리를 안내하는 이 책이 고맙다. 모처럼, 이 책과 더불어 순례길을 걸으며, 사순절을 뜻깊게 보낼 수 있을 것 같다.

정갑신 | 예수향남교회 담임목사

광야의 의미

풀과 구더

Let Me Go There

Paula Gooder

믿음직한 광야 안내자,
데이빗 런콘(David Runcorn)에게 바칩니다.

목 차

· 옮긴이의 일러두기

1. 묵상하는 성경 말씀의 경우, 개역개정성경과 새번역성경 중 원서가 가리키
   는 내용에 더 가까운 것을 따랐습니다. 그중 끝에 '참고'가 붙은 말씀의 경우
   일부 단어/표현을 바꾸었음을 의미합니다.
   예: 개역개정 참고

2. 저자가 논의 중에 성경 말씀을 인용하는 경우, 되도록 개역개정성경을 사용
   하거나 반영하였습니다. 저자가 쓴 일부 단어/표현이 개역개정성경과 달라
   부득이하게 다른 성경을 사용하는 경우 괄호 안에 따로 표기하였습니다.
   예: (막 1:13, 새번역)

이 책의 활용법

지금까지 제가 교회력을 따라 주요 절기들을 연구하고 묵상하며 쓴 책들이 나름의 시리즈가 되었습니다. 이 책은 그 시리즈의 마지막 책입니다. 이전 세 권의 책들을 통해서 대림절(Advent), 부활절(Easter), 그리고 일상의 시간(Ordinary time)을 다루었는데요. 특별히 사순절을 묵상하는 이 책으로 시리즈를 마무리 짓게 되어 감사하게 생각합니다(원서들의 출간 순서를 말하는 것입니다 - 역주).

저는 예수님께서 광야에서 시험받으시는 장면과, 제자들을 부르시는 장면을 이 책의 주제로 정했습니다. 분명 이 두 주제는 서로 맞물려 있습니다. 실제로 두 사건은 예수님의 사역 초기 때부터 나란히 일어납니다. 또한 두 사건은 예수님이 누구이신지, 무엇을 하기 위해 오셨는지 뿐만 아니라, 그분의 사역에 있어서 제자들이 얼마나 중요한 위치를 차지했는지를 보여줍니다. 예수님께서 광야에서 밤낮 40일을 보내신 것을 본떠 만든 (사순절의) 40일은, 예부터 사순절을 묵상하는 중요한 시간이었습니다. 이 40일의 시간은 예수님의 본성 깊은 곳을 드러내고 또한 우리가 따라야 할 방향을 보여줍니다. 구체적으로 어떤 방향을 보여줄까요? 이 질문에 대해서는 핵심적인 성경 구절들을 묵상함으로써 그 답을 찾아보려고 합니다. 그리고 이것이 이 책의 주된 내용이 될 것입니다.

이 책은 광야라는 주제, 특히 광야가 신약성경 저자들에게 있어서 왜 그렇게 중요했는지를 살펴보는 것으로 시작됩니다. 그러고 나서 마가복음, 마태복음, 누가복음이 각기 묘사하는 광야에서의 시험 이야기로 넘어갑니다. 그리고 마지막 두 장에서는 제자도에 관하여 살펴봅니다. 특별히 부르심과 제자도 (의 특징과 대가)에 관하여 살펴볼 것입니다. 이 시리즈에 속한 다른 세 책들과 마찬가지로 이 책 역시 성경 본문을 더 자세히 살펴보기 위하여, 34개의 서로 다른 성경 단락(구절)을 골라, 그 속에 나타나는 주제들을 중심으로 묵상하려고 합니다. 여기서 한 가지 언급하고 싶은 것이 있습니다. 바로 이 책의 의도는 쉽고 명확한 해답을 제시하는 데 있지 않고, 사순절과 연관된 주제들을 더 깊이 묵상하고 숙고하게 만드는 데 있다는 것입니다. 이것을 염두에 두고 책을 읽는 것이 중요합니다.

제가 왜 하필 '34개의 묵상'이라는 다소 낯선 숫자에 맞추었는지 의아하게 생각할 분들도 있을 것 같습니다. 여기에는 실용적인 이유가 담겨 있는데요. 사람들마다 사순절의 40일을 조금씩 다르게 계산하기 때문입니다. 어떤 이들은 재의 수요일(Ash Wednesday)부터 성토요일(Holy Saturday)까지, 전체 기간을 계산에 넣지만 매 주일들은 제외합니다. 또 어떤 이들은 매 주일들까지 계산에 넣지만 고난주간(Holy Week, 성주간)은 제외합니다. 그래서 이 책은 여러분이 하루에 하나의 묵상을 읽되 거기에서 매 주일(혹은 주일이 아닌 다른 날)을 제외한다면, 고난주간이 시작되기 전에 다 읽을 수 있게 꾸며져 있습니다. 그와 같이 읽고 나면, 아마도 예수님의 죽음과 부활에 관하여 더욱 관심을 기울이게 될 것입니다. 또한 34라는 숫자는 사순절 기간 동안 혹여 하루나 이틀 정도 묵상을 놓칠 수도 있는 분들이 다시 쉽게 따라잡아, 제 시간에 묵상을 마칠 수 있도록 고안된 것입니다. 저는 34개의 묵상들을 이 책의 여섯 장에 맞춰 넣는 셈의 과정에서, 네 장에는 각기 6개의 묵상을 그리고 두 장에는 각기 5개의 묵상을 담았습니다.

각각의 내용을 연결해서 보고 싶어하는 분들과, 더 큰 그림을 먼저 보고 싶어하는 분들을 위해 각 장마다 서론과 결론을 넣었습니다. 그러나 성향에 따라 그 부분들을 무시하고 그저 개별 묵상들만 읽어도 됩니다. 또한 각자가 나름대로 내용을 연결해서 읽어도 됩니다. 그리고 굳이 차례대로 읽을 필요도 없이, 원하는 순서대로 읽어도 전혀 무방합니다.

이 시리즈에 속한 다른 책들을 이미 읽어본 분들을 위해 한 가지 더 언급하고 싶은 것이 있습니다. 그 책들에서는 일종의 일화로 묵상을 시작했고, 그 다음에 해당 본문을 다루었는데요. 그런데 이 책의 경우 정확한 이유는 모르겠지만 그와 같은 방식으로 책을 쓸 수 없었습니다. 다른 책들처럼 가볍게 일화로 시작하려고 계속해서 애를 썼지만 결국 그만두었습니다. 마땅한 일화가 떠오르지 않은 것도 있었지만, 책의 내용과 잘 어울리지도 않는다는 생각이 들었습니다. 제가 글을 쓰기 시작하면서부터 배운 한 가지 중요한 사실이 있는데요. 바로 책은 스스로 살아 움직인다는 것입니다. 글을 쓰는 사람이 어느 정도는 책의 형태를 잡아갈 수 있지만, 동시에 아무리 애를 써도 바꿀 수 없는 부분들이 있습니다. 일화로 시작하는 책을 선호하는 분들에게는 다소 미안한 마음을 전합니다.

이 시리즈에 속한 다른 책들을 읽어본 분들이 저에게 특히 두 가지를 요구했는데요. 하나는 이전에 어디를 읽었는지 더 빨리 파악할 수 있도록 묵상마다 숫자로 순서를 표기해달라는 것이었습니다. 그리고 또 하나는 이 책을 가지고 성경 공부 혹은 소그룹 모임을 할 수 있도록 적절한 질문들을 넣어달라는 것이었습니다. 저는 그 요구에 맞춰 작업했습니다. 많은 분들에게 도움이 되기를 바랍니다. 질문들은 각 장을 읽었다는 가정하에 제시되었습니다. 또한 모임에서 나눔을 활성화하기 위해 되도록 다양한 측면들을 다루었습니다. 그러나 모든 질문들에 대답할 필요는 없습니다. 대화가 더 흥미로운 주제로 넘어갈 경우 굳이 질문들에 얽매일 필요도 없고요. 때로 나눔을 위한 질문들과 함께 읽으면 좋을 만한 성경 본문을 써넣기도 했습니다. 하지만 대개 모임마다 다양한 방식으로 진행되기 때문에 모임을 어떻게 시작하고 마칠 것인지, 또 기도는 어떤 방식으로 할 것인지와 같은 부분은 여러분에게 맡기겠습니다.

저는 또한 이 시리즈의 다른 책들과 마찬가지로 서론에서 특정한 묵상―광야와 제자도―을 나누었습니다. 이 묵상은 이후에 다루어지는 주제들을 더 깊이 들여다보게 해주는 렌즈가 될 것입니다. 물론 그 특정한 묵상 없이도 책을 읽을 수는 있습니다. 하지만 어느 정도 시간이 있고 또 의향이 있다면, 사순절을 준비한다는 생각으로 미리 읽어보는 것도 추천드립니다. 이 책의 경우 그 특정한 묵상이 R. S. 토마스(Thomas)의 시, "그가 오시다"(The Coming)로 끝이 납니다. 이 시는 제가 책에서 말하고자 하는 바를 정확히 요약하고 있습니다.

여러분이 이 책을 읽는 과정에서—책 전체를 읽든 일부를 읽든, 서론에서 멈추든 그저 끌리는 묵상들만 골라서 읽든, 또한 사순절의 여정 내내 읽든 이따금씩 몰두하여 읽든—"와서 나를 따르라"는 부르심을 처음으로 들었을 때의 그 감격과 기쁨을 되찾을 수 있기를 바랍니다. 또한 여러분의 모든 영역에서 제자도의 핵심—끈기 있게 따르고, 배우고, 선포하는 일—을 이루어 낼 수 있기를 바랍니다.

서론
사순절과 광야와 제자도

광야의 양면성

저는 처음으로 광야를 경험한 날을 잊지 못합니다. 성지를 방문하던 중이었고 사해 근처 사막을 향해 나가던 때였습니다. 예루살렘 외곽 지역을 도는 버스 안에서 잠이 들었는데, 게슴츠레하게 눈을 뜨니, 마치 제 자신이 전혀 다른 세계에 있는 것처럼 느껴졌습니다. 때는 한여름이었고 이미 그을린 지면 위로 햇빛이 뜨겁게 내리쬐고 있었는데요. 뜨거운 모래 위로 아지랑이가 피어오르고 있었고, 불모지를 이겨낸 먼지 투성이의 낯선 덤불 사이로 모래가 흩어지고 있었습니다.

처음으로 광야를 마주한 경험은 여러 면에서 저에게 강렬한 인상을 주었지만, 그중에서도 가장 인상적이었던 부분은 광야가 가진 양면성이었습니다. 광야는 이질적인 동시에 친숙한 곳이었습니다. 사람을 밀어내는 동시에 끌어당기는 곳이었고, 생명이 자라지 못하는 곳이면서 동시에 생명력이 넘치는 곳이었습니다. 제가 속한 그룹은 촉박한 일정대로 움직였기 때문에 비록 그곳에서 오래 머물진 못했지만, 그럼에도 광야는 오랫동안 제 마음 속에 남아있었습니다. 심지어 거의 30년이 지난 지금도 그때 느꼈던 감정들이 기억납니다. 특히 광야에 관한 성경 구절을 읽을 때면 더욱 생생하게 기억이 납니다.

어째서 광야라는 장소가 성경 저자들의 뇌리에 그토록 깊이 박혀 있었는지를 파악하는 일은 어렵지 않습니다. 먼저 광야는 하갈과 이스마엘이 쫓겨나 버림받은 곳이었습니다(창 16:1-6). 동시에 그 둘이 하나님을 만나 구원을 받은 곳이었습니다(창 16:7-14). 광야는 하나님의 백성이 애굽(이집트)의 압제자들에게서 벗어나 보호를 받은 곳, 그들의 피난처가 된 곳이었습니다(출 16:1). 광야는 하나님의 백성이 굶주려 죽을까봐 두려움을 느낀 곳이기도 했습니다(출 16:3). 광야를 통해 하나님의 백성은 약속의 땅으로 들어갔습니다. 그리고 수백 년 후 포로로 끌려갈 때 역시 광야를 지나갔습니다. 광야는 크고 두려운 곳이었습니다(신 1:19). 또한 광야는 하나님이 다시 오실 것으로 기대

되는 곳이었습니다(사 40:3).

광야는 구약성경 전체에 걸쳐서, 심지어 신약성경에 이르기까지 나타나는 중요한 장소이자 주제입니다. 이 책에서는 광야의 상징적인 의미를 다양한 성경 구절을 통해 살펴보려고 합니다. 광야는 계속해서 양면성의 장소로, 곧 위험하면서도 동시에 구원을 가져다주는 장소로 그려질 것입니다.

사순절은 양면성을 가진 광야로 들어가게 만드는 절기입니다. 광야는 우리에게 용기를 요구함과 동시에, 우리가 외면했던 연약함을 직면하게 합니다. 또한 광야는 우리 자신에 대한 교훈을 배우게 합니다. 즉, 우리가 누구인지 그리고 하나님께서는 우리를 누구로 부르셨는지를 배우게 합니다. 때로는 우리가 가장 두려워하는 일이 정확히 예상대로 흘러갈 수도 있음을 알려주기도 하고, 또 때로는 우리가 가장 두려워하는 일이 구원과 소망을 가져다줄 수도 있음을 알려주기도 합니다. 광야를 지나는 첩경은 없습니다. 결코 지름길은 없습니다. 그래서 광야로 들어가는 일은 용기가 필요한 일입니다. 물론 광야에서 씨름하는 일에 우리가 항상 능하거나 강할 수는 없습니다. 하지만 우리가 능함과 강함을 발휘하기만 한다면, 그 안에서 우리는 황량함이 아닌 광활함을, 두려움이 아닌 소망을, 재앙이 아닌 갈망했던 구원을 발견할 수 있을 것입니다.

광야와 사순절

위험한 곳을 피하고 싶은 것은 인간의 타고난 본성의 일부입니다. 그러한 성향은 위험한 것을 싫어하는 오늘날의 세계에서 특별히 더 두드러집니다. 오늘날의 세계는 우리에게 '안전한' 길로만 다니고, 절대로 위험을 무릅쓰지 말며, 언제든 어떻게든 모험은 피하라고 가르칩니다. 문제는 '안전한' 삶은 결국 작고 비좁은 삶을 의미한다는 것입니다. 모든 위험이 제거된 삶은 자칫 궁핍하고 편협한 삶이 되기 십상입니다.

물론 우리의 삶 가운데 안전함이 중요한 시기가 있을 수 있습니다. 이를테면, 아이들이 아직 삶의 난관과 고난을 견딜 수 없을 때, 우리는 안전함을 바라게 됩니다(물론 또 어떤 이들은 오늘날 아이들에 대한 과잉 보호가 지나치다고 말할 수도 있겠지만요). 또한 다시 단단하게 회복되기까지 위로를 구하며 피난처를 찾는 시기—황폐함과 슬픔 가운데 있을 때, 낙담하거나 쫓기는 가운데 있을 때, 질병을 겪거나 몸이 불편할 때—가 있을 수 있습니다. 어떤 이들의 경우 암울한 해를 거듭하는 삶의 시기가 있을 수도 있고요. 어쩌면 이미 광야—우리를 점차 연약하게 만들고, 우리 세계의 문을 닫으며, 비탄의 날카로운 고통을 가져오는 곳—한가운데로 밀려난 분들도 있을 수 있을 것입니다. 만약 우리 중 누군가가 이런 시기에 있다면, 황량한 곳으로 모험을 떠나는 것이 아니라, 회복과 소망을 잠잠히 기다려야 합니다.

우리는 충분히 단단할 때에 더 많은 위험을 무릅쓸 수 있습니다. 그와 같은 때에는 존 셰드(John A. Shedd)의 격언 모음집(Salt from My Attic)에 나오는 표현, 즉 "항구에 있는 배는 안전하지만, 그러한 목적으로 배가 만들어진 것은 아니다"라는 인용문을 떠올려야 합니다. 이 짧은 격언은 풍성한 의미를 담고 있습니다. '예수님을 따르는 자'라는 우리의 소명은 곧 우리를 향한 하나님의 부르심에 부응하는 것인데요. 이 책의 후반부에서 다시 보게 되겠지만, 그러한 부르심은 우리에게 우리의 삶을 내려놓고 십자가를 질 것을 그리고 고난과 죽음의 길을 가신 그분을 따를 것을 요구합니다. 물론 우리가 항구에 안전하게 남아있을 수도 있습니다. 하지만 우리는 또한 돛을 펼치고 드넓은 바다로 나갈 수도 있습니다. 즉, 그 위험과 대가가 어떠하든지 간에 "그리스도를 진정으로 따르는 자들이 되라"는 부르심에 부응하는 것입니다. 물론 이것이 굳이 불필요하고 무모한 위험을 감수하라는 말은 아닙니다. 다만 앞서 말한 배와 같이, 인간은 위험과 구원이 나란히 존재하는 광활한 곳, 드넓은 바다에 살도록 지음 받은 존재라는 것입니다.[1]

---

1   물로 가득한 바다를 물이 전혀 없는 광야와 같은 공간에 빗댄 것이 다소 모순된다는 점을 저도 잘 알고 있습니다. 그렇지만 물을 제외하면,

이러한 생각은 흔히 프랜시스 드레이크(Francis Drake)의 기도로 알려진 기도문을 떠오르게 합니다.

오 주님, 우리를 깨뜨리소서

우리 자신에 대해 지나치게 만족할 때에,

꿈을 너무 작게 꾼 연고로,

지나치게 해안에 가깝게 항해한 연고로

우리의 꿈이 이루어졌을 때에,

오 주님, 우리를 깨뜨리소서

소유한 것이 넘쳐 생명수에 대한 갈증이 사라졌을 때에,

우리가 시간에 매몰되어 영원을 꿈꾸기를 멈추고

새로운 땅을 세우려는 데에 몰두하여

하늘(Heaven)에 대한 꿈을 잃어갈 때에

오 주님, 우리를 뒤흔드소서

더욱 담대하게 드넓은 바다를 향해 떠날 수 있도록

폭풍이 당신의 통치를 드러내는 곳에서

땅이 보이지 않는 곳에서

우리는 별을 찾게 될 것입니다.

두 장소 사이에 겹치는 부분이 상당히 많이 있습니다. 일례로, 두 장소는 모두 위험과 구원이 나란히 존재하는 곳입니다.

희망의 지평을 뒤로 밀쳐내신 분의 이름으로,

용기 있게 뒤따라야 하는 자리로 부르신 그분의 이름으로

기도합니다. 아멘.

사순절 동안 광야로 떠나는 여정

사순절은 안전한 항구라는 삶의 자리에서, 드넓은 실존의 자리로 우리를 불러냅니다. (사순절의 시작과 함께 결단하여) 무언가를 내려놓거나 혹은 짊어지고자 할 때에 핵심은, 아주 작은 부분이라도 우리의 삶을 낯설게 만드는 것입니다. 이를테면, 초콜릿이나 술 같이 익숙한 것들을 피하고, 낯선 그 무엇을 찾아보는 것입니다. 또 평소라면 하지 않았을 일을 통해 스스로를 불편하게 만들어 보는 것입니다. 그렇게 함으로써 이전과 다른 방식으로 삶의 영역을 넓히는 것입니다.

제가 사순절마다 시도하고 있는 일들 중 하나는, 안정감을 느끼는 영역에서 벗어나 보는 것입니다. 그 영역이란 것이, 제가 하는 어떤 일이 될 수도 있고, 제가 대화를 나누는 어떤 사람이 될 수도 있습니다. 또 제가 참석하는 어떤 모임이나 행사가 될 수도 있고요. 그 영역이 정확히 무엇인지는 그다지 중요하지 않은 것 같습니다. 저는 1년에 한 번은 그러한 시도를 하고 있습니다. 이것은 자기 학대와 같은 것이 아닙니다. 저의 지

평을 넓히려는 노력입니다. 즉, 저 자신에 대해서, 다른 사람에 대해서, 그리고 하나님에 대해서 무언가 새로운 것을 배우기 위한 시도의 일환인 것입니다. 전보다 더욱 넓은 영역에서 담대하게 살아가려는 것이죠. 제가 이러한 시도를 매 사순절마다 빠짐없이 하는 것은 아니지만, 그럼에도 제가 할 수 있는 한 자주 하려고 애쓰고 있습니다. 그래서 저에게 있어 사순절은 언제나 저 자신이 그 방면에서 얼마나 노력을 기울였는지를 되묻는 시간입니다.

교회 절기들은 저마다 고유한 특징을 가지고 있습니다. 각 절기마다 우리에게 가르쳐 주는 부분이 있는데요. 이를테면, 대림절은 기다림을, 부활절은 기쁨을 가르쳐 줍니다. 물론 일상의 시간 역시 우리에게 평범한 일상의 소중함을 가르쳐 줍니다. 사순절의 경우 다양한 묵상거리를 제공한다는 점에서 조금 복잡한 절기라고 할 수 있습니다. 특별히 제가 느끼는 사순절의 핵심적인 특징 중 하나는 바로 드넓은 광활함입니다. 이 광활함은 일상의 단조롭고 제한된 차원으로부터 벗어나게 만듭니다. 또한 이 광활함은 산만하고 어수선한 상태에서 벗어나 가장 기본적인 상태로 되돌아가게 합니다. 즉, 우리에게 생명을 가져다주는 것이 무엇인지를 온전히 분별할 수 있게 합니다. 그리고 이 광활함은 우리가 피하고 싶어하는 부분을 더 깊이, 더 자주 들여다보게 만듭니다. 그로써 우리는 우리가 정말로 누구인지를 알게 됩니다.

어떤 유형의 광야인가요?

사순절 기간 동안 우리가 마주하게 되는 질문 중 하나는, '과연 나에게는 어떠한 광야의 경험이 필요한가?'입니다. 우리 중 사순절을 실제로 광야에서 보낼 사람은 아마도 없을 것입니다. 그렇다면 결국 사순절과 관련된 저 질문을, '정서적 혹은 영적인 광야에 들어갈 의향이 있는가?'라고 표현할 수도 있을 것입니다. 이것은 얼핏 '엄청난' 도전처럼 들리기도 하지만, 사실은 그렇지 않습니다. 사순절 기간 동안 광야에 들어가자고 하는 것은, 익숙한 상황에서 의도적으로 벗어나 보자는 것입니다. 익숙한 행동 양식과 반응에서 벗어나 보자는 것이죠. 광야에 들어가자고 하는 것은 또한 단조로운 일상과 평범한 경험에서 눈을 들어, 광활한 곳에서 우리를 기다리시는 하나님을 바라보자는 것입니다. 그로써 우리는 하나님뿐만 아니라 우리 자신과 세상을 새로운 시각으로 바라보게 됩니다.

저의 경험에 따르면 사순절은 매해 다른 교훈과 경험을 가져다줍니다. 또한 사순절이 우리에게 주는 메시지는 우리 영혼에 향유가 됩니다. 물론 때로 그 메시지는 우리를 불안하게 만들고 동요시키기도 합니다. 하지만 그 메시지는 또한 우리를 감동시키고 소망을 줍니다. 따라서 우리는 매년 사순절마다 성령이 나를 어디로 이끄시는지 스스로에게 되물어야 합니다.

그런데 우리가 충분한 주의를 기울이지 않으면, 자칫 사순절이 누가 더 영적으로 훌륭한지를 견주는 경쟁의 시간이 될 수 있습니다. "사순절 동안 나는 평소에 즐기던 모든 것을 중단했어", "나는 하루에 4시간씩 기도했어", "나는 무려 20권의 책을 읽었어", "나는 겨우 초콜릿 정도나 끊은 저 사람들과는 달라." 다소 뻔하게 들릴 수 있지만 그럼에도 이 말을 한 번 더 해야 할 것 같습니다. 사순절은 결코 영적으로 경쟁하는 시간이 아닙니다. 우리가 더 비참해진다고 해서 더 영적인 사람이 되는 것도 아니고요. 사순절에 절제하고 금욕하는 일을 두고 다른 사람들보다 앞선다고 해서 어떤 상이 주어지는 것이 결코 아닙니다.

사실 사순절에 '우리가 하는 일'보다 훨씬 더 중요한 것은, '우리가 누구인지, 어떤 사람이 되어가고 있는지'입니다. 흔히 사순절 기간이 되면 무엇을 끊었는지 서로에게 묻고 싶어합니다. 하지만 그보다 더 관심있게 물어야 할 것은, 사순절 기간 동안 '어떤 사람이 되어가고 있는지'입니다. 다르게 표현하자면, '스스로에 대해서 무엇을 배웠는지', '우리를 변화시키는 하나님에 대해서는 무엇을 배웠는지'를 되물어야 합니다. 이러한 질문은 훨씬 더 개인적인 차원의 질문이며, 막상 공개적으로 대답하기가 쉽지 않은 질문입니다.

어쩌면 사순절의 여정 가운데 아무것도 중단하지 않고 또 아무것도 짊어지지 않아도, 다른 방식으로 사순절의 광활함을 발견할 수도 있을 것입니다. 물론 어쩌면 항상 하던 일을 중단하거나 혹 어떤 새로운 일을 시도해야 할 수도 있습니다. 갑작스레 어떤 새로운 일을 떠맡거나 혹 작년에 했던 일을 계속해야 할 수도 있습니다. 그러나 '무엇'을 하는지는 그다지 중요하지 않습니다. 그 선택은 하나님과 여러분 사이에서 고민할 일입니다. 사순절 핵심은 광활함을 발견하는 것입니다. 그 광활함 속에서 우리는 새로운 가르침을 배우고, 또 믿음이 성장할 기회를 얻습니다. 그리고 그 광활함 속에서 새로운 방식으로 하나님을 만나는 기회를 얻습니다.

저는 사순절에 차(tea), 커피, 초콜릿을 끊은 적이 있습니다. 또한 소셜 미디어를 끊은 적도 있습니다. 그 모든 시도가 상당히 부담스럽고 어려운 일이었습니다. 하지만 그 어떤 시도도 패드레이그 투아마(Pádraig Ó Tuama)가 그의 탁월한 저서(In the Shelter: Finding a Home in the World)에서 간략하게 제시하는 조언만큼, 제 삶을 변화시키진 못했습니다. 그 책에서 패드레이그는 우리가 마주하는 모든 희망, 두려움, 경험을 분석하고 이해하고 헤아려야 한다고 생각하기보다는, 그저 '안녕'(hello)하고 인사하며 가볍게 맞아들여야 한다고 말합니다. 제가 사순절에 해왔던 일이 바로 그것입니다. 저는 제가 싫어하는 이른 아침을 향해 '안녕'하고 가볍게 인사를 건넸습니다. 또 저는 피어난 수선화를 향해서 인사를 건네기도 했고, 제가 좋아하는 글쓰기를 계속할 수 있을까 하는 두려움에 인사를 건네기도 했습니다. 3월이 가까워짐에 따라 피어오르는 봄의 감각을 향해서 인사를 건네기도 했고, 저와 제 책에 대한 악의적인 리뷰에 대해서 인사를 건네기도 했습니다. 그리고 남편과 아이들과 보낸 즐거운 날들을 향해서도, 또 저의 아버지의 불치병을 향해서도 인사를 건넸습니다.

'안녕하고 인사를 건네는 일'은 지난 사순절에 저에게 필요했던 광활함을 가져다주었습니다. 사실 저는 끊임없이 내면의 대화를 나누는 유형의 사람인데요. 이를테면, '여기서 나는 어떤 생각을 해야할까? 무엇을 느껴야 할까?', '저들은 무엇을 생각하고 또 느끼고 있을까?', '내가 무엇을 잘못했을까?', '내가 어떻게 해야 더 잘할 수 있을까?', '이 다음에는 누가 또 나를 비판할까?'와 같이요. 제 내면에서 이러한 잡담이 그칠 새

없이 무미건조하게 이루어져 왔습니다. 하지만 있는 그대로의 삶을 향해 가볍게 인사하며, 넘어가는 습관은 마치 선물과 같이 제 내면의 잡담을 줄여주었고 제 안에 여유로운 공간을 마련해 주었습니다. 이처럼 제가 생각하거나 느끼는 모든 것을 정리하거나 해결해야 할 필요가 없다는 것을 배우기까지는 상당한 시간이 필요했습니다. 그리고 이제 저는 저에게 드는 생각과 느낌을 있는 그대로 인정합니다. 제가 그렇게 인정할 때, 하나님의 임재를 더욱 뚜렷하게 느낄 수 있었습니다. 저와 함께 계시며, 저와 함께 세상을 향해 인사를 건네시는 하나님을 오롯이 느낄 수 있었습니다.

이것이 지난 사순절이 저에게 가져다준 선물이었습니다. 이번 사순절이 가져다줄 선물이 무엇인지는 아직 모릅니다. 선물을 가져다줄지 아닐지, 그 여부조차 아직은 알 수 없고요. 하지만 만일 이번 사순절이 선물을 가져다준다면, 저는 그 선물이 제가 전혀 기대하지 않은 방식으로 오리라는 것을 확신합니다. (사순절과 연관된) 광야의 양면성은 광야의 경험이 어떤 선물을 가져다줄지 미리 알 수는 없지만, 그럼에도 그 경험—좋든 그렇지 않든, 도전을 주든, 위로를 주든—은 분명 우리를 변화시키리라는 것을 의미합니다.

예수님과 광야와 제자도

이 책의 3-4장에서 보게 되겠지만, 예수님께서 광야에 머무르실 때와 연관되어 나타나는 주제는 정체성과 부르심입니다. 마귀가 예수님을 상대로 한 세 번의 시험 중 두 차례나 사용한 공식 표현(formula)은 바로 "네가 만일 하나님의 아들이어든"이었습니다. 물론 우리는 이미 예수님께서 정말로 하나님의 아들이심을 알고 있습니다. 실제로 예수님이 세례를 받으실 때 하나님께서 그렇게 선포하기도 하셨고요("하늘로부터 소리가 있어 말씀하시되 이는 내 사랑하는 아들이요 내 기뻐하는 자라 하시니라"[마 3:17]). 그렇다면 우리가 주의 깊게 살펴봐야 할 것은 예수님이 '하나님의 **아들이셨는지 아닌지**' 여부가 아니라, 예수님이 '**어떠한** (유형의) 하나님의 아들이 되기를 선택하셨느냐'가 되어야 할 것입니다.

예수님은 지름길과 쉬운 길로 가는 하나님의 아들이 되는 것을 선택하셨을까요? 즉, 스스로를 고통과 고난에서 건져내라고, 자신의 편의와 영광을 위한 아들이 되라고 말하는 사람들의 뜻에 따르는 하나님의 아들이 되는 것을 선택하셨을까요? 아니면 기나긴 인내의 길을 가고 다른 이들의 필요를 자신보다 우선시하는 하나님의 아들이 되는 것을 선택하셨을까요? 다시 말해, 부르심에 충성하고 신실하여 세상의 구원을 위

한 하나님의 아들이 되는 것을 선택하셨을까요? 물론 우리는
이 질문에 대한 답을 이미 알고 있습니다. 우리는 예수님께서
하나님의 어떠한 아들이 되는 것을 선택하셨는지를 이미 잘
알고 있습니다. 그 선택은 예수님의 삶을 통해서뿐만 아니라
그분의 죽음을 통해서도 드러났습니다. 여기서 한 질문이 우
리에게 떠오릅니다. 바로 제자도에 관한 질문인데요. '그렇다
면 과연 당신은 어떠한 (유형의) 제자가 될 것인가? 지름길과 쉬
운 길로 가며, 삶의 난관들을 쉽고 빠르게 해결하기 위한 제자
도를 말하는 사람들의 뜻을 따르는 제자가 될 것인가? 아니면
기나긴 인내의 길을 가고 다른 이들의 필요를 자신보다 우선
시하는 제자, 자기 십자가를 지고 따르라고 우리를 부르신 분
을 위하여 그 부르심에 충성하는 신실한 제자가 될 것인
가?'(라는 질문입니다) 특별히 사순절은 일상 속 제자도와, 그 제자
도가 우리에게 요구하는 바를 숙고할 시간을 제공합니다.

제자도는 상당히 자주 사용되는 단어이면서도 동시에 모
호하게 느껴지는 단어이기도 한데요. 예수님의 제자가 된다는
것은 정확히 어떤 의미일까요? 또 우리가 그 길을 '올바로' 가
고 있는지를 어떻게 알 수 있을까요? 마가복음에 나오는 제자
들의 모습을 떠올리며 이에 관한 대답을 시작하는 것이 좋을
것 같습니다. 마가복음 안에서 제자들은 금방 와해되어도 이

상하지 않을 만큼 엉성한 집단으로 묘사되는데요. 실제로 제자들은 계속해서 틀리기만 하는 집단처럼 보입니다. 이를테면, 제자들은 예수님께서 말씀하시는 것을 제대로 이해하지 못합니다(막 8:16). 예수님께서 그분의 부르심—고난과 죽음—을 따르지 못하도록 막습니다(막 8:32-33). 아직 있지도 않은 영광을 요구합니다(막 10:37). 예수님이 그들을 가장 필요로 했을 때 오히려 잠을 잡니다(막 14:37). 심지어 예수님을 철저히 버리고 도망갑니다(막 14:50). 마가복음 하나만 놓고 본다면 우리는 첫 번째 제자들보다 더 못할 수가 없습니다. 하지만 그럼에도 그들은 여전히 예수님의 제자로 남아 있었습니다.

마가복음은 제자들의 사례가 좋든 나쁘든 우리에게 가르침을 주고 영감을 주도록 고안된 기록입니다. 그로써 우리의 이해력과 신실함이 자라고, 예수님께서 마음에 품으셨을 만한 제자로 성장하도록 말이지요. 또한 마가복음은 예수님의 제자가 된다는 것이 무엇을 요구하는 일인지를 우리 스스로에게 되묻게 합니다. 내가 베드로나 야고보나 요한이었다면, 나는 과연 예수님에게 어떻게 반응했을까? 내가 예수님의 무덤에 있던 여인이었다면, 부활을 "가서 전하라"는 예수님의 명령에 과연 어떻게 반응했을까? 마가가 첫 번째 제자들의 실패와 연약함을 드러내는 목적은 우리로 하여금 그들보다 낫다고 느끼게 하려는 데 있지 않습니다(더욱이 그들은 결국 하나님의 아들, 예수 그리스도의 복음을 땅끝까지 전한 자들이었습니다). 그 목적은 바로 예수님께서 어떤 제자들을 바라셨는지에 대해서, 그리고 우리를 향한 그분의 부르심에 부응하기 위해서 우리는 무엇을 해야 하는지에 대해서, 스스로 질문하게 만드는 데 있습니다.

이 주제에 대해서는 책의 후반부에서 재차 살펴볼 것입니다. 지금은 잠시 소개하는 것만으로도 충분할 것 같습니다. '제자란 누구인가?'라는 질문에 대한 한 가지 대답은 아마도 '예수님을 따르는 자'가 될 것입니다. 물론 이 대답이 틀린 것은 아닙니다. 하지만 그것만으로는 부족합니다. 첫 번째 제자들은 "나를 따라오라"고 말씀하신 예수님의 부르심에 반응한 사람들이었습니다. 시몬 베드로와 안드레는 갈릴리 바닷가에서 예수님을 따랐습니다(마 4:19; 막 1:17). 세리였던 마태 혹은 레위는 세관(tax booth)을 떠나 예수님을 따랐습니다(마 9:9; 눅 5:27). 빌립은 나다나엘을 찾으러 간 이후에 예수님을 따랐습니다(요 1:43). 그들은 모두 예수님을 따른 자들이었습니다. 하지만 이것이 '제자'라는 단어가 정확히 의미하는 바는 아닙니다.

그리스어 **마데테스**(*mathetes*)와 라틴어 **디스키풀루스**(*discipulus*, 여기에서 영어 단어 디사이플[disciple]이 나왔습니다)는 모두 '배우는 사람(학습자)'을 의미합니다. 바로 이것이 제자됨의 핵심이었습니다.

제자들은 예수님으로부터 배우기 위해 그분을 따랐습니다. 제자들은 예수님의 가르침을 들었고 질문을 던졌고 때로는 틀리기도 했습니다. 또 예수님께서 사람들을 치유하시는 것을 보았고 더 많은 질문을 던졌으며, 더 많이 틀렸습니다. 그리고 예수님과 함께 먹었고 또 예수님이 당시 지도자들과 충돌하시는 것도 지켜봤습니다. 그들은 예수님을 따르면서 배웠습니다. 그들은 예수님이 누구이신지, 또 자신들은 누구인지를 배웠습니다. 따른다는 것은 곧 배운다는 것이었습니다. 배움이 그들을 제자로 만들어 주었습니다.

이것은 작지만 중요한 관점의 변화입니다. 우리가 제자를 그저 예수님을 따르는 사람이라고만 생각한다면, 변화에 대한 중요성이 그만큼 줄어들게 됩니다. 반면에 배우는 것은 우리에게 변화되고 변화되고 또 변화될 것을 요구합니다. 이렇게 보면 핵심적인 질문은 '당신은 지금 예수님으로부터 무엇을 배우고 있습니까?'가 됩니다. '지난주에는 무엇을 배웠습니까?', '다음 주에는 무엇을 배울 것입니까?' 이로써 '우리의 배움이 계속 진행되고 있는지, 아니면 5년 전, 10년 전, 혹 그보다 더 오래전에 배웠던 것에 여전히 머물러 있는지'와 같은 불편한 질문을 마주하게 됩니다. 내가 속한 공동체 가운데 예수님으로부터 배움이 일어나고 있나요? 정말로 예수님에 관하여 생생하게 배움이 일어나는 곳이라고 말할 수 있나요?

랍비와 제자

예수님 시대의 세계(상황)와, 그보다 후대의 세계를 혼동하지 않는 것이 중요합니다. 랍비 유대교(Rabbinic Judaism)의 온전한 형태는 주후 70년 예루살렘 성전이 파괴된 이후에 갖추어졌습니다. 랍비 유대교와 함께, (제자를) 교육하는 방식도 더 세밀하게 발전했습니다. 특히 가장 명석한 학생들이 가장 위대한 랍비들 중 한 명과 함께하여, **탈미드**(*talmid*) 혹은 전문 학습자가 되는 교육 방식이 주를 이루었는데요. 그러한 교육 이후에는 그들 역시 랍비가 되었습니다. 예수님 시대에 이러한 교육 체계를 곧바로 적용하는 것은 무리가 있습니다. 하지만 예수님이 살던 당시에도 많은 사람들이 랍비로 불렸고, 또 그들로부터 배우는 사람들도 분명 존재했습니다. 예를 들어, 신약성경은 우리에게 사도 바울이 위대한 랍비 가말리엘(Gamaliel)로부터 배웠다고 이야기합니다(행 22:3). 또한 요세푸스나 미쉬나(Mishnah)와 같은 외부 자료들 역시 랍비와 그 제자들에 관하여 종종 언급하고 있습니다.

어떤 면에서 보면, 예수님의 제자가 되는 것이, 다른 랍비들의 제자가 되는 것과 별반 차이가 없었습니다. 배움이 일어나는 것은 곧 '지식의 이동'과 관련된 일이었지만, 랍비와 제자 사이의 관계에 있어서 그보다 훨씬 더 중요했던 사안은 바로, 스승이 세상을 보는 방식을 제자에게 심는 것이었습니다. 훌륭한 제자는 곧 (그의) 랍비의 눈으로 세상을 보는 법을 배운 자였습니다. 우리는 복음서들 곳곳에서 예수님과 그분의 제자들 사이에서 바로 이와 같은 일이 벌어졌음을 보게 됩니다. 예수님께서는 계속해서 제자들에게 사랑과 긍휼의 길, 겸손과 희생의 길, 인내와 소망의 길을 보여주셨습니다.

자칫 가르침과 배움(학습)을 혼동하기가 쉬운데요. 여러분이 누군가에게 무언가를 가르칠 때, 그 사람이 배우는 장면을 떠올려보면 도움이 됩니다. 가르침과 배움—특히 탁월한 가르침과 효과적인 배움—이 서로 연결되어 있다는 점은 의심의 여지가 없습니다. 하지만 한 번이라도 선생의 역할을 해본 사람이라면, 사람들이 배우는 것이 가르치는 사람이 의도한 것과 전혀 다를 수 있음을 알 것입니다. 저는 학습 성과에 집착하는 현대 고등 교육에 대해 긍정하기도 하고 또 부정하기도 하는 복합적인 감정을 가지고 있는데요. 여기서 학습 성과란, 선생이 가르치는 수업에서 학생이 무엇을 배우고 얻어가는지를 가리킵니다. 여기서 제 경험에 빗대어 한 가지 더 언급하고 싶은 것은, 선생 입장에서 '가르칠 내용(목표)'을 정할 수는 있지만, 그렇다고 학생들이 무엇을 배우게 될지에 대해서는 예측하기가 어렵다는 점입니다. 제가 20여 년이 넘게 학생들을 가르치면서, 가장 좋았던 수업들—사람들이 영감을 얻고 변화되어 떠난 수업들—이 지닌 한 가지 공통점을 발견했는데요. 그것은 바로 사람들이 그 수업들 가운데서, 제가 생각했던 것보다 훨씬 더 많은 것을 배워갔다는 것입니다. 최고의 학습은 예측이 불가능한 것입니다. 사람들은 창의력과 상상력을 통해 크게 도약할 수 있습니다. 실제로 가르침을 받은 것보다, 훨씬 더 많은 것을 배우고 얻어갈 수 있죠.

이는 배움이라는 것이 그저 사실과 지식으로만 이루어지는 것이 아니기 때문입니다. 배움은 깨달음과 통찰력, 그리고 상상으로도 이루어집니다. 랍비와 제자의 관계에는 이러한 특징들도 담겨 있었습니다. 산상수훈에서와 같이, 예수님의 제자들도 예수님의 가르침을 통해서만 배운 것은 아니었습니다. 제자들은 예수님과 함께 있는 것을 통해서도 배웠습니다. 질문을 던지고, 틀리기도 하고 또 예수님이 사람들과 교류하는 것을 보면서 배웠습니다. 즉, 제자들은 예수님이 하신 말씀뿐만 아니라 그분이 행하신 일로부터도 배웠습니다. 이것은 우리의 공동체 안에서 이루어지는 제자 훈련과 관련하여 많은 것을 시사합니다.

오늘날 많은 교회들 가운데서 제자도는 흥미롭게도 두 가지와 연결되는데요. 바로 새신자 그리고 훈련(과정)입니다. 대부분의 '제자 훈련'은 처음 신앙 생활을 하게 된 사람들을 대상으로 이루어집니다. 그리스도인의 삶과 신앙에 대한 기초를 배우기 위한 과정들이죠. 제 말에 오해가 없으면 좋겠습니다. 저는 이러한 과정에 아주 찬성하는 입장입니다. 하지만 일 년에 한두 번 제자 훈련 과정을 운영함으로, 제자도를 완전히 이룰 수 있다고 생각한다면, 아주 심각하게 핵심을 놓치고 있는 것입니다. 물론 제자도를 이루는 측면 중 하나가 새신자에게 지식을 가르치는 것이기는 하지만, 그럼에도 그것은 극히 일부분에 불과합니다.

제자도는 모든 그리스도인들—그들이 5분 전에 제자가 되었든, 지난 50년 동안 제자로 지냈든—을 대상으로 합니다. 우리의 공동체가 제자도를 이루는 공동체가 되기 위해서는 배움으로 활기찬 곳이 되어야 합니다. 질문과 나눔이 이루어지는 곳, 듣고 이해가 이루어지는 곳, 가능한 한 다양한 방식으로 예수님으로부터 배우는 곳이 되어야 합니다. 새신자들이 신앙에 대해서 배우는 것은 아주 중요하지만, 그들 또한 우리가 배우는 모습을 봐야하지 않겠습니까? 단지 새신자들만이 배워야 하는 것이 아닙니다. 예수님의 제자가 되고자 하는 사람이라면 누구나 배워야 합니다. 제자에게 있어서 배움이란 마치 사람이 살기 위해 숨을 쉬는 것과 같습니다.

몇 년 전에 받은 질문 하나를 오랫동안 고민한 적이 있습니다. 그 질문을 한 여성분은 새롭게 한 직책을 맡게 된 사람이었는데, 그 역할은 곧 기독교 공동체의 훈련 과정을 감독하는 일이었습니다. 그녀는 훈련 전문가였으며 비즈니스, 교육, 의료 분야에서 폭넓게 일해온 사람이었습니다. 처음에 그녀는 자신이 맡은 일이 쉬울 것이라 예상했습니다. 그녀의 훈련 기술들을 기독교적인 맥락에 적용만 하면 될 것이라고 생각했죠. 하지만 이내 그것이 거의 불가능하다는 것을 깨달았습니다. 그녀는 많은 사람들이 내면 깊은 곳에서부터 배우기를 꺼려하는 것을 보고 좌절하며 말했습니다. "저는 도저히 이해가 되질 않습니다. 교회는 배움이 이루어지는 곳이 아닌가요?" 그녀의 질문은 우리를 두렵게 만드는 질문입니다. 만일 그 질문에 대해 우리가 "아닙니다"라고 대답한다면, 사실상 우리의 공동체는 제자들이 모인 공동체가 아니라고 말하는 셈이 됩니다. 이는 저에게 있어서 너무나도 두려운 일입니다.

그러면 우리는 예수님과 예수님의 제자들로부터, 제자도에 관하여 무엇을 배울 수 있을까요? 첫 번째이자 가장 중요한 교훈은 우리가 다른 누구의 제자가 아닌, 예수님의 제자로 부르심을 받았다는 것입니다. 첫 제자들도 예수님으로부터 배우는 것을 어려워했지만, 그래도 우리가 예수님으로부터 배우는 것보다는 수월했습니다. 그들은 예수님과 함께 시간을 보냄으로써 배웠으니까요. 우리의 임무는 오늘날에 이것을 할 수 있는 방법을 찾는 것입니다. 우리 각자에게 드는 생각과 방법이 다 다를 것입니다. 어쩌면 '예수 그리스도와 함께 시간을 보내는 것'이 실제적으로 어떤 의미인지를 발견하기까지 평생이 걸릴 수도 있습니다. 문제는 우리가 '예수님과 함께 시간을 보내는 것'이라 여기는 일들을 너무 쉽게 판단한다는 것입니다. 기도하고 교회에 가고 성경을 읽고, '선한 일들'을 하고 나면, 해야 할 모든 일을 다 했다고 선언하고 싶은 유혹에 빠지기 쉽습니다. 하지만 그 모든 일들은 예수님(의 임재)과 함께 시간을 보내지 않고도 가능한 일입니다. 예수님의 제자가 된다는 것은 해야 할 일의 목록에 체크하는 것이 아닙니다. 예수님의 제자가 된다는 것은 예수님의 임재 가운데 시간을 보내고, 또한 예수님께서 세상을 바라보시는 시선을 배우는 것입니다.

제자도에 관한 또 다른 중요한 교훈은, 배움이 이루어지는 방식이 다양하다는 것입니다. 우리는 우리 자신 혹은 다른 사람들이 배울 수 있는 방식을 계속해서 찾아내야 합니다. 이를테면, 배움은 대화와 교제 가운데, 공식적인 가르침과 경청 가운데서도 일어납니다. 배움은 우리가 질문을 던질 때, 다른 사람들의 대답을 들을 때도 일어납니다. 배움은 대규모 모임 가운데서도, 소규모 멘토링 가운데서도 일어납니다. 배움은 우리가 함께 먹거나 함께 금식할 때도 일어납니다. 배움은 우리가 기도하거나 찬양을 부를 때도 일어납니다. 결국 제자도로의 부르심은 우리 삶 전체에 대한 부르심이며, 제자들의 공동체는 다양한 방식으로 함께 배우는 공동체입니다. 가르침도 배움이 이루어지는 한 방식이기는 하지만, 결코 유일한 방식은 아닙니다. 우리의 목표는 가능한 한 많은 방식들을 찾아내는 것입니다. 그리고 무엇보다 우리에게 배움을 주시는 예수님을 바라보는 것입니다. 그렇게 예수님의 임재 가운데, 예수님과 함께 시간을 보내기를 즐거워하는 공동체—진정한 제자도의 공동체—를 만들 때, 우리는 가장 큰 성취를 이루게 되는 것입니다.

물론 이 두 가지 교훈 말고도 배워야 할 것이 훨씬 더 많습니다. 하지만 이 두 교훈은 분명 좋은 출발점입니다. 그래서 이 책을 통해 더욱 자세히 살펴보고자 합니다. 사순절이 중요한 까닭은 해마다 우리를 제자도라는 쟁점으로 되돌려 놓는다는 데 있습니다. 또한 사순절은 우리가 예수님에게서 배운 것을 계속해서 묵상하게 만듭니다. 오늘날 우리는 예수님으로부터 무엇을 배우고 있습니까? 이번 주, 이번 달, 이번 연도, 이번 사순절에 우리는 무엇을 배우게 될까요? 분명한 사실은 우리가 사순절을 통해 광야에 들어가는 시간을 가질 때, 그 시간은 우리에게 이 질문에 대한 답을 준다는 것입니다.

나로 가게 하소서(Let me go there)

저는 이 시리즈에 속한 각각의 책에서 R. S. 토마스(Thomas)의 시들을 인용했습니다. 제가 쓴 책들의 핵심 주제를 부분적으로든 혹은 전체적으로든 요약해준다고 생각했기 때문입니다. 그 시들은 묵상을 위한 추가적인 자료로서, 또 각 절기를 인도하는 안내자로서 각각의 핵심 주제들을 더 깊이 보게 해줍니다. "그가 오시다"(The Coming)라는 시는 여러 면에서 사순절과 잘 맞는 시입니다. 토마스는 특유의 절제된 언어로, 하나님만이 가져다주실 수 있는 재창조와 사랑이 절실하게 필요한 세상을 보여주고 있습니다. 또한 토마스는 그 시를 통해서 세상의 절망과 그 아들(the Son) 앞에 놓인 사명의 쓸쓸함을 생생하게 그려냅니다.

토마스의 시 안에서 그 아들은 자신 앞에 놓인 광야에 눈을 떼지 않고 오랫동안 응시합니다. 사실 광야는 한 곳—이를테면, 시험을 받을 때 머물렀던 곳—이 아니라, 온 세상입니다. 고통과 절망 속에서 사랑을 부르짖는 곳은 모두 광야입니다. 시의 끝부분에 이르면, 그 아들은 언제나 그랬듯이 "나로 가게 하소서"라고 말합니다. 그는 자신 앞에 놓여 있는 과업의 웅대함을 알고 있었고, 광야가 나타내는 양면성을 이해하고 있었습니다. 그는 그 앞에 높인 절망의 깊이를 헤아리고 있었지만, 그럼에도 여전히 그 길을 가기로 선택했습니다.

이것이 사순절에 기억해야 할 주제입니다. 예수님의 생애와 사역은 광야에서 마귀에게 시험받을 때 내리셨던 선택들로 요약됩니다. 그분은 쉬운 길을 택하실 수도 있었지만, 그럼에도 어려운 길을 택하셨습니다. 그분은 개인의 명예와 칭송을 가져다줄 길을 택하실 수도 있었지만, 그럼에도 사랑과 긍휼의 길을 택하셨습니다. 그분은 원대함과 안락함을 택하실 수도 있었지만, 그럼에도 아무것도 가진 것이 없는 사람들과 함께하기를 택하셨습니다. 그분은 자신이 무엇을 택했는지 알고 계셨습니다. 그럼에도 불구하고 여전히 이렇게 말씀하셨습니다. "나로 가게 하소서"

그분은 우리가 따르는 랍비이자, 우리에게 배움을 주는 스승입니다. 이번 사순절, "와서, 나를 따르라"는 부르심을 우리가 다시 들을 수 있기를 바랍니다. 우리는 그 부르심이 우리에게 무엇을 요구할지 이미 알고 있습니다. 우리는 그 대가가 무엇일지 알고 있습니다. 문제는 '우리가 그분이 하신 말씀을 따라서 말할 수 있는가'입니다. "나로 가게 하소서"

그가 오시다(The Coming)

그리고 하나님은 그분의 손에

작은 지구를 드셨다. 보아라. 그분이 말씀하셨다.

아들은 보았다. 멀리 떨어진

물을 통해 보듯, 그는 보았다.

그을린 땅

강렬한 색의 땅을

그곳은 불이 타는 듯하다.

해묵은 건물들이

그림자를 드리운다.

영리한 뱀처럼

강은 똬리를 풀고

미끈거리는 빛을 내뿜는다.

헐벗은 언덕

벌거벗은 나무는 하늘을 슬프게 만든다.

많은 사람들이 그 나무를 향해

가느다란 팔을 뻗는다.

마치 사라진 4월을 기다리듯이

십자가 나뭇가지로 돌아가기 위해서

아들은 그들을 지켜보았다.

나로 가게 하소서, 그가 말했다.

1장 광야

1장 광야
황량함과 구원

서론에서 저는 구약성경에서 드러나는 광야의 양면성에 대해 이야기했습니다. 광야는 두려운 장소이자 또한 피난처였습니다. 죽음의 장소이자 구속의 장소였고요. 또한 절망의 장소이자 소망의 장소였습니다. 이번 장에서는 이러한 개념을 조금 더 자세히 살펴볼 것입니다. 그러고 나서 이후 세 장에 걸쳐서 예수님께서 광야에서 시험받으신 본문을 살펴볼 것입니다. 그렇게 하면 시험 이야기의 배경을 조금 더 친숙하게 볼 수 있을 것입니다. 또한 예수님께서 광야로 들어가시는 장면의 반향과 울림을 더욱 쉽게 분별할 수 있게 될 것입니다.

성경에 나오는 광야에 대한 언급들을 전부 살펴볼 수는 없습니다. 그것은 너무 방대한 작업입니다. 그 대신 저는 구약성경에서 광야의 본질을 요약해주는 가장 강렬한 본문 여섯 개를 골랐습니다. 특별히 1장에서는 광야가 성경 저자들에게 어떤 의미였는지에 중점을 두고 살펴볼 것입니다. 물론 그와 동시에 우리는 오늘날 우리에게 광야란 어떤 의미인지에 대해서도 초점을 맞추어야 합니다. 광야가 은유(metaphor)로서 가진 힘은 그것이 여기저기서 광범위하게 사용되는 것을 통해서도 알 수 있습니다. 광야는 분명 장소를 가리키지만, 동시에 그것은 특정한 경험을 가리키기도 합니다. 예를 들어, 광야는 감정이나 관계와 연결되기도 하고, 직업이나 삶의 어떤 시기와 연결되기도 합니다. 광야가 오늘날 우리의 정서에 일으키는 울림과 반향은 그 어느 때보다 강렬합니다. 이제 우리가 해야 할 일은, 광야로 들어가게 되었을 때, 광야에서 하갈, 모세, 엘리야와 같은 이들을 만나주셨던 그 하나님께서 오늘날 우리 또한 만나주실 것이라는 기대를 품는 것입니다. 그러한 기대 가운데 나아가며 그로부터 배우고 깨닫는 것입니다.

또 한편으로, 광야에 대해 살펴보는 일은, 하갈과 같이 삶이 뒤엎어지고 완전히 무너져서 남은 최후의 선택, 살아남기 위한 선택이라고는 황량한 광야로 도피하는 것뿐인 사람들을 기억하고 그들을 위해 기도해야 함을 깨닫는 일입니다.

묵상 1

창세기 16:6-13 (개역개정 참고)

⁶ 사래가 하갈을 학대하였더니 하갈이 사래 앞에서 도망하였더라 ⁷ 여호와의 사자가 광야의 샘물 곁 곧 술 길 샘 곁에서 그를 만나 ⁸ 이르되 사래의 여종 하갈아 네가 어디서 왔으며 어디로 가느냐 … ¹³ 하갈이 자기에게 말씀하신 여호와를 가리켜, 당신은 '엘 로이'(El roi)이니이다 하였으니 말하길, 내가 정말로 하나님을 뵈었는가, 그분을 보고도 여전히 살아있는가 하였더라.

창세기 21:14-16 (개역개정)

¹⁴ 아브라함이 아침에 일찍이 일어나 떡과 물 한 가죽부대를 가져다가 하갈의 어깨에 메워 주고 그 아이를 데리고 가게 하니 하갈이 나가서 브엘세바 광야에서 방황하더니 ¹⁵ 가죽부대의 물이 떨어진지라 그 자식을 관목덤불 아래에 두고 ¹⁶ 이르되 아이가 죽는 것을 차마 보지 못하겠다 하고 화살 한 바탕 거리 떨어져 마주 앉아 바라보며 소리 내어 우니

창세기 16:1-6 이야기 전체를 읽어보세요. 그러고 나서 21:1-20
도 읽어보세요.

광야의 심오한 양면성을 묘사하는 상징적인 이야기 하나
를 꼽자면, 하갈의 이야기―아브라함과 사라에게 주어진 하나
님의 약속이라는 더 큰 이야기에 속한 이야기―를 댈 수 있을
것입니다. 하갈의 이야기는 사실상 아브라함과 사라 이야기의
이면이라고 할 수 있습니다. 창세기 12:1-3에서 그리고 다시
15:1-5에서 하나님은 아브라함이 큰 민족의 조상이 될 것이며
(창 12:2), 또한 그의 자손이 별과 같이 많을 것이라고 약속하십
니다(창 15:5). 문제는 아브라함과 사라에게 아이가 없다는 것이
었습니다.

창세기 16장의 초반부를 보면, 아브라함과 사라가 그들 나
름의 해결책을 찾기 시작합니다. 엄밀히 따지면 그들이 아주
오랜 시간 기다린 것은 사실입니다. 창세기 16:3은 그들이 10
년 동안 아이가 생기기를 기다렸다고 이야기합니다. 그들은
결국 자기들 나름의 해결책을 찾았고, 그것은 곧 대신 아이를
낳아줄 사람을 구하는 것이었습니다. 그리고 이 해결책은 필
연적으로 질투와 긴장과 분쟁으로 귀결됩니다.

창세기 16장과 21장의 두 이야기는 서로를 반영합니다. 두

이야기 모두에서 하갈은 광야로 가게 됩니다. 처음에는 그녀 자신이 도망친 것이었고, 그 다음에는 쫓겨난 것이었습니다. 처음에는 이스마엘을 품고 있었고 그 다음에는 이스마엘을 데려갔습니다. 또한 16장에서는 하갈이 광야에서 별다른 두려움을 느끼지 않았지만, 21장에서는 그녀가 느낀 크나큰 두려움이 전면에 드러납니다. 21장에서 하갈은 자신과 이스마엘이 곧 죽게 될 것이라고 생각하고 있습니다. 하갈은 이스마엘을 덤불 아래에 두었는데, 이는 아이가 죽는 것을 지켜보는 공포를 겪고 싶지 않았기 때문이었습니다. 의심의 여지 없이 21장에서 우리는 광야가 주는 두려움을 보게 됩니다. 하갈은 광야에서 자신과 아이가 최후를 맞게 되었다고 생각했습니다.

이 이야기의 중심에 놓인 주제는 창세기 16:13에 기록된 하갈의 표현으로 가장 잘 드러납니다. "하갈이 자기에게 말씀하신 여호와를 가리켜, 당신은 '엘 로이'(El roi)이니이다 하였으니 말하길, 내가 정말로 하나님을 뵈었는가, 그분을 보고도 여전히 살아있는가 하였더라"(창 16:13, NRSV). 성경의 많은 구절들과 마찬가지로, 이 구절 역시 현대어로 옮기기가 상당히 까다롭습니다. 히브리어 본문이 상당히 복잡하게 얽혀있기 때문입니다. 어쩌면 다음과 같은 느낌으로 옮길 수도 있습니다. "당신은 살피시는 하나님(엘 로이)이십니다. 왜냐하면 그녀가 '나

역시 내 살피시는 이를 보았는가?'라고 말했기 때문입니다."
이는 다양한 의미를 가질 수 있지만, 아마도 하갈이 자신을 살펴본 이가 그녀에게 나타났음을 인식했다는 의미일 것입니다.

　여기서 '살피시는 하나님'이라는 주제는 중요합니다. 외부인에 가까운 하갈은 아브라함과 사라의 손에 쫓겨나 광야로 보내져 죽음 앞에 놓이게 됩니다. 그 둘의 계획에 있어서 하갈은 더 이상 필요가 없어졌기 때문입니다. 하지만 '살피시는 하나님'은 결코 하갈을 버리지 않으셨습니다. 하나님은 하갈을 살피셨고 그녀의 아이의 울음소리를 들으셨습니다(창 21:17). 그리고 마침내 그녀에게 나타나셨습니다. 그러고 나서 이번에는 하갈이 그녀를 보고 들은 분을 보고 듣게 됩니다. 하갈은 광야 한가운데서 그녀의 평범했던 삶 가운데서는 경험해보지 못한 방식으로, 그분에게 '보여졌습니다'. 다시 말해, 하나님께서는 하갈이 황폐한 상황 가운데 있을 때 나타나셨고, 그로써 하갈은 참으로 자신을 돌보고 사랑해주시는 분이 누구인지를 알 수 있게 되었습니다. 살피시는 하나님은 오늘날에도 변함이 없으십니다. 우리가 광야에 있을 때 하나님은 우리를 살피시고 또 우리의 소리를 들으십니다. 심지어 아무도 나를 보거나 듣고 있지 않다고 느껴질 때조차 말이죠.

묵상 2

출애굽기 15:22-24 (개역개정)

²² 모세가 홍해에서 이스라엘을 인도하매 그들이 나와서 수르 광야로 들어가서 거기서 사흘길을 걸었으나 물을 얻지 못하고 ²³ 마라에 이르렀더니 그 곳 물이 써서 마시지 못하겠으므로 그 이름을 마라라 하였더라 ²⁴ 백성이 모세에게 원망하여 이르되 우리가 무엇을 마실까 하매

출애굽기 16:2-3 (개역개정)

² 이스라엘 자손 온 회중이 그 광야에서 모세와 아론을 원망하여 ³ 이스라엘 자손이 그들에게 이르되 우리가 애굽 땅에서 고기 가마 곁에 앉아 있던 때와 떡을 배불리 먹던 때에 여호와의 손에 죽었더라면 좋았을 것을 너희가 이 광야로 우리를 인도해 내어 이 온 회중이 주려 죽게 하는도다

사람들은 갖가지 이유들로 광야에 들어갑니다. 선택의 여지가 없이 들어가게 되는 경우도 있지만, 가장 확실하게 생명

을 살리는 곳이기에 광야를 찾아가는 경우도 있습니다. 또 어떤 이는 죽으러 가고, 어떤 이는 쉼과 회복을 위해 갑니다. 이러한 모습들은 성경 안에서도 찾아볼 수 있습니다. 모세와 함께 애굽(이집트)을 탈출한 백성은 하갈과는 전혀 다른 측면에서 광야를 경험하게 됩니다. 하갈은 죽음에 둘러싸여 광야로 쫓겨났지만, 하나님의 백성은 자유를 찾기 위해 광야로 도피했습니다.

애굽의 종살이에서 벗어나 홍해를 건너는 이야기는 구약성경의 핵심적인 이야기 중 하나입니다. 그 이야기는 억압으로부터의 자유에 대해서, 믿음과 새로운 삶에 대해서 말합니다. 또한 언제나 사람들을 노예 상태에서 해방시키시는 하나님에 대해서 말합니다. 이 자유와 해방의 이야기는 아주 강렬한 힘을 지니고 있어서, 세계 곳곳에서 또 많은 세대에 걸쳐서 억압받는 이들에게 영감과 소망을 가져다주었습니다. 이러한 상황을 감안한다면, 노예 상태로부터 벗어나는 것에 대해 가장 감흥이 없는 사람들이 오히려 하나님의 백성이라는 사실에 놀라지 않을 수가 없습니다.

그들은 애굽을 떠나 홍해를 건너자마자 차라리 떠나지 않았다면 더 좋았겠다고 불평합니다. 출애굽기 15-16장에서 볼 수 있듯이, 그들은 거의 곧바로 이전의 '안정된' 노예 상태로 되돌아가기를 바랐습니다. 때로 광야는 우리가 받아들이기에는 너무나도 두려운 자유를 제공합니다. 그들 생각에 따르면, 죽기까지 맞는 일이 있다고 하더라도 적어도 애굽에는 먹을 것과 마실 물이 있었습니다.

출애굽기 15-16장에서 벌어지는 일은 인상적입니다. 또한 인간의 자연스러운 반응을 생생하게 보여줍니다. 실제로 몸을 자유롭게 하는 것보다 마음과 생각을 자유롭게 하는 일이 훨씬 더 오랜 시간을 필요로 합니다. 오랜 기간 동안 억압을 경험한 사람들은 그 억압 속에서 잔혹함과 동시에 이상한 안정감을 느끼곤 합니다. 그들은 억압에 익숙해진 탓에 즉각적인 위험에서 벗어나고 나면 왠지 모를 향수를 가지고 과거의 시절을 되돌아 봅니다. 광야의 자유는 억압과 제한에 익숙해진 이들이 감당하기 힘듭니다. 수동적인 삶의 방식에 익숙해진 사람들은 자유가 찾아와도 능동적인 삶을 살아가는데 어려움을 겪습니다.

물론 하나님의 백성이 광야를 두려워하는 것은 당연한 일이었습니다. 그곳은 많은 이들이 굶주림과 목마름 가운데 죽음을 맞이한 광활하고 적대적인 공간이었기 때문입니다. 하지만 그들이 망각한 한 가지는 그들이 홀로 그곳에 있는 것이 아니었다는 사실입니다. 그들을 노예 상태에서 해방시키신 하나님께서 그들과 함께 계셨습니다. 하나님께서는 그들에게 가장 필요했던 만나와 물을 주셨고 또한 그들이 가야할 길을 보여 주셨습니다.

　그들의 몸은 자유로워졌지만, 그들의 마음과 생각이 자유로워지기까지는 꽤 오랜 시간이 걸렸습니다. 자유와 관련된 심각한 문제 중 하나는, 그것이 불안정하고 불분명하여 두렵기까지 할 수 있다는 것입니다. (하나님의 백성이) 광야의 자유를 향해하는 유일한 방법은 자신들을 하나님의 손에 맡기는 것임을 깨닫기까지, 너무나도 오랜 시간―어쩌면 광야에서 헤맨 40년의 시간보다 더 오랜 시간―이 걸렸습니다. 그리고 이것이 바로 광야가 가진 양면성입니다. 광야는 자유와 소망의 장소임과 동시에 위험과 절망의 장소입니다. 그리고 그 각기 다른 경험 사이의 차이점은 바로 하나님의 임재(여부)입니다. 우리가 온전히 신뢰할 만한 분을 신뢰할 때에 비로소 광야는 무섭고 두려운 장소가 아닌 기쁨과 자유의 장소가 됩니다. 사실 광야 자체는 달라지지 않습니다. 광야에 대한 우리의 반응이 달라지는 것 뿐이죠.

묵상 3

열왕기상 19:1-8 (새번역)

¹ 아합은, 엘리야가 한 모든 일과, 그가 칼로 모든 예언자들을 죽인 일을, 낱낱이 이세벨에게 알려 주었다. ² 그러자 이세벨은 엘리야에게 심부름꾼을 보내어 말하였다. 네가 예언자들을 죽였으니, 나도 너를 죽이겠다. 내가 내일 이맘때까지 너를 죽이지 못하면, 신들에게서 천벌을 달게 받겠다. 아니, 그보다 더한 재앙이라도 그대로 받겠다. ³ 엘리야는 두려워서 급히 일어나, 목숨을 살리려고 도망하여, 유다의 브엘세바로 갔다. 그 곳에 자기 시종을 남겨 두고, ⁴ 자신은 홀로 광야로 들어가서, 하룻길을 더 걸어 어떤 로뎀 나무 아래로 가서, 거기에 앉아서, 죽기를 간청하며 기도하였다. 주님, 이제는 더 바랄 것이 없습니다. 나의 목숨을 거두어 주십시오. 나는 내 조상보다 조금도 나을 것이 없습니다. ⁵ 그런 다음에, 그는 로뎀 나무 아래에 누워서 잠이 들었는데, 그 때에 한 천사가, 일어나서 먹으라고 하면서, 그를 깨웠다. ⁶ 엘리야가 깨어 보니, 그의 머리맡에는 뜨겁게 달군 돌에다가 구워 낸 과자와 물 한 병이 놓여 있었다. 그

는 먹고 마신 뒤에, 다시 잠이 들었다. [7] 주님의 천사가 두 번째 와서, 그를 깨우면서 말하였다. 일어나서 먹어라. 갈 길이 아직도 많이 남았다. [8] 엘리야는 일어나서, 먹고 마셨다. 그 음식을 먹고, 힘을 얻어서, 밤낮 사십 일 동안을 걸어, 하나님의 산인 호렙 산에 도착하였다.

목숨을 건지기 위해 광야로 도망친 엘리야의 이야기로 광야라는 주제를 계속 살펴보려고 합니다. 이 이야기에서 물리적인 광야는 엘리야가 겪고 있는 정서적인 차원의 광야를 반영하고 있습니다(창세기 16장과 21장에 기록된 하갈 이야기처럼요). 조금 주의를 기울여보면 지금 엘리야가 있는 광야—네게브 지역 북쪽에 위치한 브엘세바 광야—가 하갈이 있던 곳과 동일하다는 사실을 알 수 있습니다. 호렙 산(시내 산으로도 알려져 있습니다)은 같은 지역 남쪽에 위치해 있었습니다.

이 엘리야의 이야기는 그가 바알 선지자들과 싸운 직후에 나오는 이야기입니다. 엘리야는 엄청난 승리를 거두었으나—그와 같은 엄청난 분투와 성취 후에는 으레 그렇듯이—절망의 구덩이에 빠졌습니다. 그 정도가 심해 죽고 싶을 정도였습니다. 물론 그렇다고 해서 이세벨이 자신을 죽이려고 한다는 것을 듣고 마침 잘됐다고 생각하지는 않았을 것입니다. 어찌

되었든 엘리야가 스스로 죽고 싶어한 것이, 정확히 이세벨이 원하는 바였다는 사실은 꽤나 흥미로운 부분입니다. 엘리야는 이세벨의 메신저(심부름꾼)가 오기 전부터 이미 스스로 무너진 상태였습니다. 즉, 앞서 제가 언급한 것처럼, 엘리야는 단순히 물리적인 광야로만 도망친 것이 아니었습니다. 그는 또한 정서적인 차원의 광야로도 들어간 것이었습니다.

이 이야기에서 특히 흥미로운 부분은 하나님께서 '광야'에 있는 엘리야에게 행하신 대응 방식입니다. 만약 저였다면 일단 엘리야의 마음을 진정시키고, 그가 성취한 일이 얼마나 중요한 일이었는지를 상기시킨 다음, 그에게 다시 제자리로 돌아가 이세벨의 분노에 맞서 싸우라고 했을 것 같습니다. 물론 이는 잘못된 대응이겠죠. 분명 하갈의 경우와 같이 때로는 안전을 위해 광야로 달아나야 하는 때도 있습니다. 또 애굽을 떠난 이스라엘 백성의 경우와 같이, 오히려 광야에서 자유를 얻을 때도 있습니다. 그리고 지금 엘리야의 경우와 같이, 우리가 무엇을 하라고 부르심을 받았는지 다시 직면하기 전에, 광야가 쉼과 회복을 주는 때도 있습니다.

하나님은 무너진 엘리야를 두고 천사를 통해 대응하십니다. 그런데 그 대응이 놀라우리만치 간단합니다. 그가 더 잠을 자도록 하는 것이었고(왕상 19:5-6), 그를 먹이는 것이었습니다(왕상 19:5, 7). 우리는 좀 더 그럴듯하고 더 의미 있어 보이는 대응을 기대했을지도 모르지만, 현실은 달랐습니다. 엘리야는 육체적으로 또 정서적으로 바닥난 상태였으므로 충분히 쉼을 얻고 회복할 시간이 필요했던 것입니다. 엘리야의 경우와 같이 우리가 정서적인 차원의 광야를 경험할 때면, 아주 복잡한 해결 방안들만 도움이 될 것이라고 생각하기 쉬운데요. 하지만 현실 속에서는 오히려 충분한 잠과 음식과 휴식이 더 큰 도움이 될 때가 많습니다.

엘리야는 부정적인 이유로 광야에 들어갔습니다. 그는 암울하고 황량한 곳으로 도망친 것이었고 그곳에서 비참하지만 편히 죽음을 맞이하려고 했습니다. 그런데 사실 엘리야는 자기도 모르는 사이에 정확히 그가 가야할 곳으로 간 것이었습니다. 광야는 엘리야에게 회복할 수 있는 그만의 시간과 광활한 공간을 제공해주었고, 천사는 그에게 지친 몸이 회복될 수 있는 잠과 음식을 가져다주었습니다. 그러고 나서야 비로소 하나님께서 엘리야에게 나타나셨습니다. 호렙산(시내산) 꼭대기에서 아주 고요한 소리(NRSV, 개역개정의 경우 '세미한 소리'로 번역했습니다 - 역주) 혹은 조용하고 잔잔한 소리(찰스 웨슬리[Charles Wesley]가 지은 찬양[O Lord and Father of Mankind]에서 가져온 표현입니다) 가운데 나타나셨습니다. 이렇듯 엘리야는 충분히 쉬고 회복되고 나서야 비로소 하나님을 의미 있게 만날 수 있었습니다.

이 이야기로부터 우리가 배울 점이 많이 있습니다. 저는 그리스도인들이 지치고 고갈되자마자 하나님이 멀게만 느껴진다고, 옆에 계신 것 같지 않다고 불평하는 경우를 자주 목격했습니다. 물론 다양한 이유가 있을 수 있지만, 일단 우리에게 가장 필요한 것이 실은 그저 회복할 수 있는 시간, 잠을 자고 든든하게 음식을 먹을 수 있는 공간은 아닌지 먼저 점검해 볼 필요가 있습니다.

사순절은 자칫 아주 분주한 시간이 될 우려가 있습니다. 그러므로 사순절 기간 동안 실천해 볼 수 있는 좋은 훈련 중 하나는 '엘리야의 시간'을 보내는 것입니다. 물론 사순절 기간 전체—엘리야가 브엘세바에서 호렙산까지 이동하는데 걸린 시간이기도 합니다(왕상 19:8)—를 그러한 시간으로 보낼 수는 없을 것입니다. 그래도 하루나 이틀 정도는 그와 같은 '사순절 훈련'을 해볼 수 있지 않을까 생각합니다. 그리고 그렇게 재충전되고 회복하게 되면 (엘리야와 같이) 다시 소명에 집중할 수 있게 될 것입니다.

묵상 4

시편 107:1-7 (개역개정 참고)

[1] 여호와께 감사하라 그는 선하시며 그의 변함없는 사랑이 영원함이로다 [2] 여호와의 속량을 받은 자들은 이같이 말할지어다 여호와께서 대적의 손에서 그들을 속량하사 [3] 동서 남북 각 지방에서부터 모으셨도다 [4] 그들이 황량한 광야[1]에서 방황하며 사람이 사는 성읍으로 가는 길을 찾지 못하고 [5] 주리고 목이 말라 그들의 영혼(혹은 생명)이 그들 안에서 쇠하였도다 [6] 이에 그들이 고통 중에 여호와께 부르짖으매 그들을 고통에서 건지시고 [7] 또 바른 길로 인도하사 사람이 사는 성읍에 이르게 하셨도다

성경 저자들이 하나님에 관해 이야기할 때 나타나는 특징 중 하나는, 하나님께서 행하신 일로 하나님의 성품을 묘사한다는 것입니다. 그들에 따르면 하나님은 그분의 백성을 노예

---

1   문자적으로는 "광야에서, 황무지에서"

상태에서 해방시킨 분이시고, 그들을 약속의 땅으로 인도한 분이시며, 그들을 원수들에게서 구원하신 분입니다. 이러한 묘사가 계속해서 나열되는데, 그중에서도 특히 시편은 하나님의 성품을 알 수 있게 해주는 그분의 행위들을 자주 보여줍니다. 이러한 방식은 구약성경에서 그치지 않습니다. 신약성경의 저자들 역시 하나님의 행위—특히 예수님을 죽은 자들로부터 일으키신 행위—를 통해 하나님을 묘사합니다.

이와 같이 하나님을 묘사하는 것을 자칫 잘못 이해하게 되면, 마치 과거의 일만 떠올려야 하는 것처럼 오해할 수 있습니다. 오늘날 무슨 일이 일어나는지는 잊어버린 채, 좋았던 옛 시절만을 회상하고 예전에 있었던 일들만 곱씹는 것이죠. 이렇게 되면 장밋빛 과거라는 함정에 빠져 현재를 외면하고 이제는 쓸모도 없어진 예전 일들에 갇혀 지내기가 쉽습니다. 하지만 이러한 반응은 결코 앞서 말한 하나님에 대한 묘사의 의도가 아닙니다.

우리는 "여호와께 감사하라 그는 선하시며 그의 변함없는 사랑이 영원함이로다"라는 시구가 거듭 반복되는 시편 107편과 같은 본문을 통해, 이것을 더욱 분명히 알 수 있습니다. 시편 107편은 하나님께서 행하신 일들을 나열하는데, 이는 우리에게 하나님의 성품에 관해 가르치려는 의도를 담고 있습니다. 과거에 하나님께서 사람들을 구원하셨다면, 그 하나님께서 계속해서 우리도 구원하실 것을 확신할 수 있습니다. 그는 선하시며 그의 변함없는 사랑은 영원하기 때문입니다. 우리가 과거에 하나님께서 행하신 일을 이야기하는 까닭은, 우리 자신을 역사에 가두려 하는 것이 아닙니다. 현재의 절망에서 눈을 들어 소망을 품고, 하나님께서 동일한 일을 또다시 행하시리라는 것을 확신하기 위함입니다.

광야에 대한 이야기를 묵상하면서 우리가 믿는 하나님이 곧 광야에 개입하시는 하나님이심을 보게 됩니다. 하나님은 하갈과 이스마엘이 광야에서 죽을 위기에 처했을 때 직접 개입하셨습니다. 또 하나님은 시편 107편과 같이 그 영혼(혹은 생명)이 쇠한 자들을 위해 직접 개입하셨습니다. 그리고 바로 그 하나님께서 오늘날에도 동일한 일을 우리에게 행하실 것입니다.

"그들이 고통 중에 여호와께 부르짖으매, 여호와께서 그들을 고통에서 건지시고"라는 시구 역시 거듭 반복된다는 것도 인상적입니다(시 107:6, 13, 19, 28). 하나님의 백성이 하나님께 부르짖으니, 하나님께서 그들을 구원하셨습니다. 하갈의 이야기에서도 드러났듯이, 하나님은 우리의 부르짖음에 귀 기울이십니다. 하지만 먼저 우리가 부르짖어야 한다는 것이 중요합니다.

고통스러운 시기에는 웅크리고 조용히 흐느끼기만 하기가 쉽습니다. 또한 하나님께 말하기에는 지금 자신이 너무 화가 난 상태에 있다고 혹은 너무 비참한 상태에 있다고 생각하기도 쉽습니다. 하지만 짧은 시편 구절들만 봐도 알 수 있듯이, 그러한 상태에 있다고 하더라도 하나님께 말하지 못할 것은 없습니다. 하나님께서는 우리가 어떤 상태, 어떤 광야에 있든지 간에 당신께 부르짖기를 원하십니다. 아무리 무례한 내용이라 하더라도 우리는 말하고 부르짖어야 합니다.

여기서 '하나님이 듣지 않으시거나 응답하지 않으시는 것처럼 보일 때는, 어떻게 해야 하느냐?'라는 질문이 있을 수 있습니다. 이는 간단한 질문이 아닐뿐더러, 대답하기도 쉽지 않습니다. 그럼에도 일단 하나님은 자판기가 아니시며, 또한 후견인도 아니심을 기억할 필요가 있습니다. 하나님은 우리의 지시를 들으시는 것이 아니라, 우리의 부르짖음을 들으십니다. 또한 하나님은 우리의 시간표가 아니라, 그분의 시간표에 따라 (우리의 부르짖음을) 들으십니다. 성경 속 인물들이 하나님을 얼마나 오랜 시간 기다렸는지를 보면 놀라지 않을 수 없는데요. 이를테면, 아브라함과 사라는 하나님의 약속이 성취되기까지 무려 25년 넘게 기다렸던 것으로 보입니다. 창세기 16장을 보면 처음엔 10년을, 그리고 그 이후에 또 15년을 기다렸음을 알 수 있습니다. 하나님께서 우리의 말을 듣지 않으신다는 생각이 든다면, 사실은 우리가 예상하지 못한 방식으로 이미 응답을 하셨거나 혹은 장래에 응답하실 것이라는 사실을 깨달아야 합니다. 물론 이러한 사실이 때로는 성경의 인물들에게조차 별다른 위로가 되지 못했던 것처럼, 우리에게도 그다지 위로가 되지 않을 수도 있습니다. 하지만 그럼에도 분명하게 명심하고 또 기억할 필요가 있습니다.

시편 107편의 저자가 선포한 것처럼, 하나님은 우리 시대, 우리의 광야에도 간섭하십니다. 하나님은 우리의 부르짖음을 들으십니다. 그러므로 우리가 가장 먼저 해야 할 일은 바로 하나님께 부르짖는 일입니다

묵상 5

예레미야 31:1-5 (개역개정 참고)
¹ 여호와의 말씀이니라 그 때에 내가 이스라엘 모든 종족의 하나님이 되고 그들은 내 백성이 되리라 ² 여호와께서 이같이 말씀하시니라 칼에서 살아남은 백성이 광야에서 은혜를 입었나

니 곧 이스라엘이 안식을 찾아 나섰을 때에 ³ 여호와께서 먼 곳으로부터 와서 그에게 나타나셨다. 내가 영원한 사랑으로 너를 사랑하였고 너에게 계속해서 신실하였다. ⁴ 처녀 이스라엘아 내가 다시 너를 세우리니 네가 세움을 받을 것이요 네가 다시 소고를 들고 즐거워하는 자들과 함께 춤추며 나오리라 ⁵ 네가 다시 사마리아 산들에 포도나무들을 심되 심는 자가 그 열매를 따기 시작하리라

지금까지 우리는 구약성경 저자들의 생각을 좇아 '광야'가 가진 힘을 살펴봤습니다. 우리가 살펴본 각각의 사건들—하갈이 아브라함과 사라로부터 도망친 사건, 모세와 하나님의 백성이 애굽(이집트)으로부터 탈출한 사건, 엘리야가 바알의 선지자들과 싸운 후 탈진했다가 다시 회복한 사건—이 모두 광야의 이미지를 형성하는 데 기여했습니다. 하지만 그중에서도 광야의 의미에 대한 토대를 놓은 사건은 바로, 애굽의 노예 생활로부터 탈출한 후, 약속의 땅에 정착하기 전, 이스라엘 백성이 광야에서 헤매고 다녔던 사건입니다. 시편 107편과 예레미야 31:1-5을 포함한 수많은 성경 본문들이 하나님과 그분의 백성 사이의 관계 일체에 대한 상징으로서 과거의 출애굽 경험을 언급합니다.

시편 107편과 마찬가지로 예레미야 31:1-5 안에서도 (이스라엘 백성이) 광야에서 방황한 사건은 장래의 소망에 대한 보증으로 사용됩니다. 이 본문이 중요한 까닭은 구약성경 저자들과 광야 사이의 양면적인 관계가 어디에서 기인한 것인지를 알려주기 때문입니다. 광야는 분명 황량하고 또 두려운 곳이었습니다. 하나님의 백성이 광야에서 발견하게 될 것은 죽음과 절망뿐이었습니다. 하지만 실제로 그들이 발견한 것은, 받을 자격이 없는 자들에게 주어진 은혜, 헤아릴 수 없을 만큼의 큰 은혜였습니다.

사실 양면적인 것은 광야 그 자체가 아니었습니다. 하나님의 임재 여부에 따라 달라지는 것이었습니다. 생명을 주고, 소망을 주는 하나님의 (사랑의) 임재가 광야라는 황량한 곳에 은혜를 가져다주었습니다. 하나님이 계시면 광야가 더 이상 광야가 아니었습니다. 이사야가 말했듯이, 하나님이 계시면 사막에 강이 솟아나고, 황폐한 땅이 기름지고 비옥한 땅이 되었습니다(사 43:19-20). 예레미야에 기록된 소망의 메시지는 전적으로 하나님의 임재에 대한 비전에 근거하고 있습니다. 하나님의 백성은 광야에서 죽음이 아닌 은혜를 발견했습니다. 그로써 죽음의 장소가 생명의 장소로, 절망의 장소가 소망의 장소로 변화되었습니다.

이 예레미야 본문의 핵심 요소는 31:3에서 발견됩니다. 하나님의 백성이 광야에서 죽음 대신에 은혜를 발견한 것은, 하나님이 그들을 영원한 사랑으로 사랑하셨고, 변함없이 신실하셨기 때문입니다. '신실함'으로 번역된 단어는 언약과 관련된 핵심적인 표현이며, 시편 107편에서도 사용되었습니다. "그의 변함없는 사랑이 영원함이로다."(시 107:1) 이처럼 다양한 표현으로 옮겨진다는 것은 그만큼 히브리어 헤세드(hesed)가 번역하기 얼마나 어려운 단어인지를 말해주는 것입니다. 헤세드는 충성과 신실함에서부터 선량함, 친절함, 변함없는 사랑에 이르기까지 다양한 의미를 지니고 있습니다. 다시 말해서, 헤세드는 하나님의 본성을 압축적으로 설명해줍니다. 그분의 백성을 향한 하나님의 변함없는 사랑, 성실함, 신실함, 선량함, 친절함을 나타냅니다.

이것이 지금 예레미야가 전하는 소망의 메시지입니다. 사랑과 신실함이 한량없는 하나님이, 모세와 출애굽한 백성과 함께하셨던 것과 같이, 이제 예레미야의 백성과도 함께하실 것입니다. 모세와 출애굽한 백성이 광야에서 은혜를 누렸듯이, 예레미야의 백성 또한 은혜를 누리게 될 것입니다. 그들은 다시 일어나 소고를 들고 춤을 추게 될 것이며 포도나무의 열매를 따게 될 것입니다.

그리고 이 메시지가 광야에 있었던 모세와 하나님의 백성의 이야기로 끝나지 않은 것처럼, 예레미야(의 예언을 듣고 있는) 백성의 이야기로 끝나지도 않습니다. 그것이 예레미야의 메시지의 핵심입니다. 변함없는 사랑의 하나님은 언제나 동일하십니다. 광야—어떤 형태의 광야이든지 간에—에서 이루어지는 하나님의 임재는 지금도 여전히 은혜와 소망과 변함없는 사랑을 동반합니다. 하나님이 계시면 광야는 그분의 압도적인 은혜 앞에서 그 무서운 지배력을 잃게 됩니다. 우리—개인적으로든 혹 공동체나 국가적으로든—가 정서적으로 광야에 들어서게 될 때, 절망이 우리를 덮쳐서 웅크리고 싶은 마음이 들게 되는데요. 이때 예레미야의 메시지는 태초부터 혼돈을 창조로, 텅 빈 공허를 기쁨의 소망으로 뒤바꾸신 하나님을 바라보게 합니다. 아울러 하나님을 기대하는 가운데 묵묵히 기다려야 함을 상기시켜줍니다.

하나님의 백성은 언제나 광야 한가운데서 은혜를 발견해 왔습니다. 그러니 오늘날에도 그 은혜를 발견하지 못할 이유는 전혀 없습니다.

묵상 6

이사야 40:1-5 (개역개정 참고)

¹ 너희의 하나님이 이르시되 너희는 위로하라 내 백성을 위로하라 ² 너희는 예루살렘의 마음에 닿도록 말하며 그것에게 외치라 그 노역의 때가 끝났고 형벌도 다 받고, 지은 모든 죄로 말미암아 여호와의 손에서 벌을 배나 받았느니라 할지니라 ³ 외치는 자의 소리여 이르되, 광야에서 여호와의 길을 예비하라, 사막에서 우리 하나님의 대로를 평탄하게 하라 ⁴ 골짜기마다 돋우어지며 산마다, 언덕마다 낮아지며 고르지 아니한 곳이 평탄하게 되며 험한 곳이 평지가 될 것이요 ⁵ 여호와의 영광이 나타나고 모든 사람이 그것을 함께 보리라 이는 여호와의 입이 말씀하셨느니라

우리의 이 마지막 '광야' 본문—복음서 저자들이 예수님의 사역이 시작되는 장면을 묘사할 때 재차 사용하는 본문—이, 광야에 대한 그림을 완성시켜 줍니다. 우리가 살펴본 광야에 대한 많은 본문들이 광야에 들어갈 수밖에 없었던 사람들의

이야기를 전해줬는데요. 이를테면, 하갈은 광야로 쫓겨났고, 모세와 백성은 노예 생활에서 벗어나기 위해 광야로 도망쳤습니다. 엘리야 또한 생명의 위협을 느껴 광야로 피신했고요. 그들 모두 하나님의 손에 이끌리어 광야로 들어갔고—예레미야가 아름답게 표현한 것처럼—또한 그곳에서 은혜를 발견했습니다.

이 이사야 본문은 지금까지 살펴본 본문들 중, 광야로 들어가는 것이 선택의 문제가 될 수 있음을 시사하는 유일한 본문입니다. 여기서 이사야는 하나님의 백성이 광야로 피신할 때, 우연히 은혜를 발견하는 데서 그치지 말고, 은혜를 적극적으로 찾아 나서고 또 예비하라고 도전합니다.

이러한 장면은 에스겔서와 분명하게 연결됩니다. 에스겔 10장은 주전 6세기 바빌론에 의해 예루살렘 성전이 파괴되기 직전, 그곳을 떠나시는 하나님을 신랄하게 묘사합니다. 거기서 사용되는 이미지는 하나님의 영광이 그룹들(cherubim)의 병거를 타고 성전을 떠나는 모습입니다. 이사야 40장의 메시지는 이러한 모습 이후의 결말을 제시하는데요. 곧 하나님의 백성은 이제 광야로 나가서 하나님께서 다시 오실 길을 예비해야 한다는 것이었습니다. 고르지 아니한 땅을 평평하게 하고, 험한 길을 평탄하게 하여, 하나님의 병거—즉, 하나님의 영광스러운 임재—가 그분의 백성에게로 다시 돌아올 수 있도록 해야 한다는 것이었습니다.

다시 말해서, 이사야의 청중은 광야에서 하나님을 만날 것이라는 믿음으로, 의도적으로—오직 희망에 이끌리어—그곳에 가야 했고 또한 하나님의 임재에 대한 어떠한 증거도 미리 볼 수 없을 때에도 하나님께서 다시 오심을 예비해야 했습니다. 이사야의 메시지는 거침이 없는 메시지였고, 광야에서 그분의 백성을 만나시는 하나님을 향한 기쁨에 찬 메시지, 믿음의 메시지였습니다. 시편 기자와 예레미야가 시사하듯이, 하나님의 백성이 광야로 쫓겨나게 될 때마다 변함없는 사랑의 하나님이 그들을 찾으러 오실 것을 신뢰하는 것과, 하나님께서 돌아오시는 것을 예비하려는 목적으로 광야에 자진해서 가는 것은 전혀 다른 이야기입니다.

그리고 후자가 바로 이사야가 하나님의 백성에게 요구했던 일이었으며, 또한 복음서 초반에 세례 요한이 한 일이었습니다. 이는 세례 요한이 광야에 나타난 것이 왜 그렇게 중요한 일이었는지를 설명해줍니다. 더불어 예수님께서 광야에서 사역을 시작하신 것이 왜 그렇게 중요한 일이었는지도 설명해주고요. 마침내 누군가가 이사야의 메시지를 듣고 하나님께서 다시 오실 길을 예비하려고 광야로 나왔던 것입니다. 그리고 마침내 약속하신 대로 '하나님'이 광야로 다시 오신 것이었습니다. 사실 광야와의 관계에 있어서는 수동적으로 되기가 십상입니다. 많은 사람들이 서로 다른 시간에, 선택의 여지 없이 광야로 쫓겨납니다. 그때 현명하고 용기 있는 사람들은 하나님의 (사랑의) 임재가 우리를 찾아내기까지 기다리고 버텨야 한다는 것을 기억합니다. 하지만 과연 누가 하나님의 은혜를 기다리고 예비하기 위해 의도적으로 광야에 갈만큼 용기가 있을까요?

여기서 우리는 광야가 실제적으로 무엇을 가리키는지 궁금해 하게 되는데요. 광야는 마치 불모의 땅, 갈등과 분쟁의 장소, 소망이 없는 곳처럼 느껴지기 때문에, (광야는) 우리가 자연스럽게 피하게 되는 모든 사건들, 장소들, 경우들을 상징한다고 볼 수 있습니다. 또 어렵지만 해야 하는 대화가 될 수도 있고, 긍휼과 넉넉한 마음씨로 직면해야 하는 갈등을 가리킬 수도 있습니다. 우리의 내면을 위축되게 만들지만 그럼에도 해야 하는 일을 가리킬 수도 있고, 피할 수 없는 정치적인 다툼을 가리킬 수도 있습니다. 이러한 상황에서 이사야의 메시지는 하나님의 임재에 대한 소망과 기대를 가지고 그러한 상황을 용기 있게 헤쳐 나가도록 우리를 북돋고 있습니다. 이는 자기를 학대하라는 부르심도 아니고, 우리를 비참하게 만들 그 무언가를 자진해서 택하라는 것도 아닙니다. 이사야의 메시지는 절망 가운데서도 용기 있게 소망을 품으라는 부르심입니다. 다시 말해, 피하고 싶은 상황 속에서도 굳게 버티고, 절망이 위협할 때마다 어둠을 밝히는 촛불이 되며, 하나님으로부터 버림받은 것 같다는 판단에 저항하면서, 하나님의 임재를 기대하며 선포하라는 것입니다.

우리가 살펴본 바와 같이, 광야는 양면적인 장소였습니다. 그곳은 황량한 곳이었지만, 하나님께서는 그곳에서 당신의 백성을 만나주셨기 때문입니다. 사실 광야 그 자체는 변하지 않았습니다. 여전히 광야는 황량한 불모지이자, 죽음과 굶주림과 절망이 도사리는 곳이었습니다. 그런 광야를 변화시킨 것은 하나님의 임재였습니다. 하나님이 계시면, 광야는 오아시스가 되었고 평안과 회복의 장소가 되었습니다. 하나님이 계신 곳에 은혜도 있었습니다. 구약성경의 메시지는 결코 변하지 않으시는 하나님께서 광야에서 사람들을 만나주셨고 또 계속해서 만나주실 것이라는 메시지입니다.

그렇지만 무엇보다도 중요한 점은, 하나님께서 편안하고

안락한 곳에서 벗어나 광야—갈등과 절망이 일어나는 고통스러운 곳—로 나아가라고 우리를 부르고 계시다는 것입니다. 그곳에서 담대하게 하나님의 임재를 예비하도록 말이죠. 사순절은 하나님의 변함없는 사랑의 빛을 광야로, 가장 황량한 곳으로 가지고 가서, 이사야처럼 "여기에 너희의 하나님이 계신다"(사 40:9, 새번역)라고 선포할 선지자로 부르심을 받는 시간입니다.

2장 인식

2장 인식
마가복음 속 예수님과 광야

마가가 전하는 광야 이야기, 곧 예수님께서 광야에서 시험
받으시는 이야기는 아주 짧습니다. 솔직히 너무 짧아서 마태
복음과 누가복음의 렌즈로 읽을 때에야 비로소 '시험 이야기'
라는 제목을 붙일 수 있을 정도입니다. 이처럼 마가복음에서
는 시험 이야기의 골자만 드러날 뿐입니다. (마가에 따르면) 예수
님은 광야로 쫓겨나, 그곳에서 사탄에게 시험을 받으셨고, 들
짐승들과 함께 지내셨고 또한 천사들로부터 시중을 받으셨습
니다. 마가의 이야기에서 예수님과 사탄은 다음과 같이 간략
한 표현을 통해서만 연결됩니다. "사탄에게 시험을 받으시
며"(막 1:13). 둘 사이에 대화는 전혀 없습니다. 어떠한 도전도,
응답도 없습니다. 시험을 성공적으로 견뎌냈다는 기록조차 없
습니다.

기록된 내용은 그 이야기가 온전히 광야에서 벌어진 일이라는 것뿐입니다. 사실 마가복음은 처음부터 광야에 대한 이야기로 시작되는데요. 앞서 세례 요한이 등장한 곳 역시 광야였습니다(막 1:3-4). 이와 같은 광야에 대한 초점은, 1:13 이후 갈릴리로 장면이 전환되어 예수님의 사역이 본격적으로 시작되기 전까지 변하지 않습니다. 세례 요한이 광야에 나타난 후에, 사람들은 유대 지방과 예루살렘에서 (그곳으로) 나아왔습니다. 예수님도 광야에서 세례를 받으셨고, 이후 성령으로 인해 광야로 쫓겨나 거기서 40일을 보내셨습니다. 마가복음 안에서 광야는 우리가 세례 요한을 처음으로 만나는 곳일 뿐만 아니라, 예수님을 처음으로 만나는 배경이기도 합니다. 그리고 이것은 오랫동안 기다려온 구원이 마침내 도래했음을 강렬하게 암시합니다. 문제는 '이것을 과연 누가 눈치챘는가?'입니다.

마가복음에 대한 묵상들은 마가복음 1:2-13을 중심으로 이루어질 것입니다. 본격적으로 살펴보기에 앞서 먼저 본문 전체를 읽는 것이 좋을 것 같습니다.

마가복음 1:2-13 (개역개정)

2 선지자 이사야의 글에 보라 내가 내 사자(messenger)를 네 앞에 보내노니 그가 네 길을 준비하리라 3 광야에 외치는 자의 소

리가 있어 이르되 너희는 주의 길을 준비하라 그의 오실 길을 곧게 하라 기록된 것과 같이 ⁴ 세례 요한이 광야에 이르러 죄 사함을 받게 하는 회개의 세례를 전파하니 ⁵ 온 유대 지방과 예루살렘 사람이 다 나아가 자기 죄를 자복하고 요단 강에서 그에게 세례를 받더라 ⁶ 요한은 낙타털 옷을 입고 허리에 가죽 띠를 띠고 메뚜기와 석청을 먹더라 ⁷ 그가 전파하여 이르되 나보다 능력 많으신 이가 내 뒤에 오시나니 나는 굽혀 그의 신발끈을 풀기도 감당하지 못하겠노라 ⁸ 나는 너희에게 물로 세례를 베풀었거니와 그는 너희에게 성령으로 세례를 베푸시리라 ⁹ 그 때에 예수께서 갈릴리 나사렛으로부터 와서 요단 강에서 요한에게 세례를 받으시고 ¹⁰ 곧 물에서 올라오실새 하늘이 갈라짐과 성령이 비둘기 같이 자기에게 내려오심을 보시더니 ¹¹ 하늘로부터 소리가 나기를 너는 내 사랑하는 아들이라 내가 너를 기뻐하노라 하시니라 ¹² 성령이 곧 예수를 광야로 몰아내신지라 ¹³ 광야에서 사십 일을 계시면서 사탄에게 시험을 받으시며 들짐승과 함께 계시니 천사들이 수종들더라

묵상 7

마가복음 1:2 (개역개정)
² 선지자 이사야의 글에 보라 내가 내 사자를 네 앞에 보내노니
그가 네 길을 준비하리라

말라기 3:1 (개역개정)
¹ 만군의 여호와가 이르노라 보라 내가 내 사자를 보내리니 그
가 내 앞에서 길을 준비할 것이요 또 너희가 구하는 바 주가 갑
자기 그의 성전에 임하시리니 곧 너희가 사모하는 바 언약의
사자가 임하실 것이라

말라기 4:5 (개역개정)
⁵ 보라 여호와의 크고 두려운 날이 이르기 전에 내가 선지자 엘
리야를 너희에게 보내리니

마가복음의 서언은 구약성경이 끝나는 바로 그 지점에서
시작됩니다. 이는 페이지를 조금 더 넘겨—더 정확히 표현하

자면 양피지를 더 펼쳐서—멈추지 않고 이어서 읽는 것을 가능하게 합니다. 복음서들은 각기 다른 방식으로 그들이 들려주는 이야기가, 완전히 봉인되었던 이야기, 하늘에서 뚝 떨어진 이야기, 전혀 새로운 이야기가 아님을 상기시킵니다. 실제로 복음서들의 이야기는 오래된 이야기입니다. 하나님의 백성에 관한 아주 오래된 이야기입니다. 또한 그 이야기는 하나님의 사랑에 대한 이야기이며, 하나님과 그분의 백성 사이의 끊어진 관계를 고치려는 시도에 관한 이야기입니다. 마가는 말라기가 끝난 부분에서 자신의 이야기를 시작함으로써, 그의 이야기가 아주 오래된 뿌리를 가지고 있음을 상기시킵니다.

말라기는 백성이 하나님을 영접할 수 있도록 준비시키기 위하여, 하나님께서 자기보다 앞서 사자(messenger)를 보내실 것이라는 약속으로 끝이 납니다. 이 사자, 즉 새로운 엘리야는 하나님께서 약속하신 대로 그분의 백성에게 오실 때를 대비하여 그들을 준비시킬 것입니다. 여기서 떠오르는 유일한 질문은 '그분이 언제 오실까?' 입니다. 하나님께서 오시기까지 그들은 얼마나 기다려야 했을까요? 마가복음의 서언은 명확하고도 큰 소리로 이 질문에 대답합니다. 실제로 예수 그리스도의 복음(좋은 소식)이 시작되자마자(막 1:1), 하나님의 사자가 등장합니다(막 1:2-4).

그 사자의 이름은 세례 요한입니다. 그가 마가의 마음 속에서 하나님의 백성이 오랫동안 기다려온 엘리야와 같은 인물이었다는 것은 의심의 여지가 없습니다. 엘리야와 같이 세례 요한은 낙타털 옷을 입고 가죽 띠를 띠었습니다(왕하 1:8; 막 1:6). 엘리야와 같이 세례 요한은 당대 왕의 행동에 문제를 제기했습니다(왕상 18:17-18; 막 6:17). 이에 대해 의심할 수 없도록, 이후에도 세례 요한은 계속해서 엘리야와 동일시됩니다(막 9:11-13).

하나님께서 약속하신대로 새로운 엘리야가 나타난 것입니다. 마침내 무대가 마련되었습니다. 기대감으로 고조되기 시작합니다. 하나님은 자신의 사자를 보낼 것이라고 약속하셨고 마침내 그 사자가 왔습니다. 드디어 페이지를 넘길 시간입니다. 하나님께서 그분의 백성을 위해 예비하신 새 일을 발견할 때가 된 것입니다.

마가복음 서언이 보여주는 눈에 띄는 특징 중 하나는, 마가가 1:2-3에서 기본적으로 이사야서를 인용한 것은 맞지만 실제로는 더 많은 성경들을 참조했다는 것입니다. 이후 묵상에서 보게 되겠지만 마가복음 1:3은 이사야 40:3을 인용하고 있습니다. 하지만 앞서 살펴봤듯이 1:2의 경우 말라기 3:1에서 비롯된 구절이며, 동시에 출애굽기 23:20도 반향하고 있습니다. "내가 사자를 네 앞서 보내어 길에서 너를 보호하여 너를 내가 예비한 곳에 이르게 하리니"(출 23:20). 마가의 마음 속에서 이 모든 구절들이 적합하다고 여겨진 이유를 어렵지 않게 파악할 수 있습니다. 이 모든 구절들이 하나님의 약속을 언급하고 있으며, 또한 그 모든 약속이 하나님의 백성을 향한 견고하고 영광스러운 미래를 그리고 있기 때문입니다. 모든 내용을 정리해보면 결국 기다림의 시간이 끝났다는 이야기가 됩니다. 오랫동안 기다렸던 순간이 마침내 도래한 것입니다. 하나님께서 계속해서 일하고 계셨던 것입니다.

우리는 더 이상 마가복음 1장에서 하나님의 백성이 기다렸던 것처럼 기다리지 않아도 됩니다. 예수님의 삶과 죽음 그리고 부활은 세상을 영원히 변화시켰습니다. 그럼에도 우리는 종종 아직도 기다림 중에 있는 것처럼 느끼고는 합니다. 그때와 같이 지금도 하나님이 일하고 계시지만, 우리 삶의 분주함으로 인하여, 가족과 친구들의 요구들로 인하여, 우리 안팎의 스트레스와 불안으로 인하여 우리의 시선이 흐려져 때로 그것을 보지 못할 때가 있음을 사순절은 깨닫게 합니다. 곧 사순절은 광야라는 광활한 곳으로 떠나는 시간이며, 우리의 판단과 분별을 재조정하고, 온유하면서도 굳건한 하나님의 사랑을 다시 한번 깨닫고 누리는 시간입니다.

묵상 8

마가복음 1:3-4 (개역개정)

³ 광야에 외치는 자의 소리가 있어 이르되 너희는 주의 길을 준
비하라 그의 오실 길을 곧게 하라 기록된 것과 같이 ⁴ 세례 요
한이 광야에 이르러 …

이사야 40:3-4 (개역개정)

³ 외치는 자의 소리여 이르되 너희는 광야에서 여호와의 길을
예비하라 사막에서 우리 하나님의 대로를 평탄하게 하라 ⁴ 골
짜기마다 돋우어지며 산마다, 언덕마다 낮아지며 고르지 아니
한 곳이 평탄하게 되며 험한 곳이 평지가 될 것이요

이 본문들을 조금 더 주의를 기울여서 보면, 이사야 40:3
를 인용한 마가복음과, 이사야서 본래의 말씀이 말하는 광야
에 대한 정보가 서로 다르다는 것을 알 수 있습니다. 그 차이
점은 광야의 위치와 연관이 있습니다. 즉, 마가복음에서 외치
는 자의 소리는 지금 광야 안에 있습니다(막 1:3, "광야에 외치는 자의

소리가 있어"). 반면, 이사야는 앞으로 광야에서 일어날 일, 즉 준비에 대해서 말하고 있습니다(사 40:3, "광야에서 여호와의 길을 예비하라"). 이것이 지나치게 까다로운 지적처럼 보일 수도 있지만, 그럼에도 상당히 흥미진진한 부분입니다. 이사야 40:3은 히브리어를 통해 말하고 있습니다. 반면 마가복음은 그리스어 번역(70인역)을 사용하고 있는데요. 둘의 차이점은 이렇습니다. 만일 이 부분을 히브리어 버전으로 읽게 되면, 엄밀히 따져 세례 요한은 집에서 편히 머물면서, (너희는) 광야에서 (여호와의 길을) 예비해야 한다고 선포하는 모습이 될 수 있다는 것입니다.

이렇게 따져보면, 지금 마가복음이 말하고자 하는 핵심이 더욱 명확해집니다. 사람들을 광야로 불러내어 오랫동안 기다려온 주님의 오심을 예비하도록 하기 위해서, 세례 요한은 광야 안에 있어야 했습니다. 히브리어 본문을 문자 그대로 읽게 되면 이러한 모습과 조금 다르게 들려서, 자칫 지금 무슨 일이 벌어지고 있는지, 그 요점을 놓치게 될 수 있습니다. 세례 요한은 다른 장소가 아닌 꼭 광야에 있어야 했습니다. 물론 그가 광야로 나간 유일한 선지자는 아니었습니다. 실제로 주후 1세기 에세네파를 포함한 많은 사람들이 하나님께서 다시 오실 것이라는 메시지를 선포하기 위해 광야로 나갔습니다.

우리에게는 이런 모습이 낯설게 느껴질 수도 있지만, 1세기 유대인들에게는 자연스러운 모습이었습니다. 이와 더불어 세례 요한이 광야에서 오래된 지역이 아닌, 중요한 특정 지역으로 갔다는 것도 주의 깊게 봐야할 부분입니다. 요단강 인근의 광야는 하나님의 백성에게 있어서 특별한 위치를 차지하고 있었습니다. 그곳은 하나님의 백성이 처음으로 약속의 땅을 향해 가는 경로였습니다. 또한 이사야 40장에 나오는 이사야의 표현에 따르면, 그곳은 바빌론 포로 이후 하나님께서 그분의 백성에게로 다시 오실 곳이기도 했습니다. 이 모든 것을 종합해볼 때, 하나님께서 다시 오심을 선포하려고 한다면, 가야 할 곳은 요단강 인근의 광야뿐이었습니다. 그곳으로 가지 않고 선포하려고 하는 것은 마치 안락한 거실에 앉아 기차가 올 것을 선포하는 것과 같았습니다. 물론 그렇게 하는 것이 완전히 불가능한 일은 아니겠지만, 당연히 기차역에서 기차가 오기를 기다리는 것이 훨씬 더 명확하고 분명한 태도일 것입니다.

상징은 본래 단어보다는 강력하지 않다고 해도, 그럼에도 상당히 강력한 수단입니다. 그런 의미에서 세례 요한이 엘리야를 연상시키는 옷차림으로 광야에 나타난 것만으로도 사실 해야 할 말을 다 했다고 할 수 있습니다. 마침내 엘리야가 왔다는 것입니다. 하나님보다 앞서 그분의 사자가 왔습니다. 사자는 광야에, 곧 하나님이 다시 오시리라 기대된 장소에 있어야 했습니다. 드디어 무대가 마련되었습니다. 이제 필요한 것은 스스로 약속하신 대로 하나님께서 오시는 것뿐이었습니다.

후대에 (성경을 읽는다는 유익과 단서를 가지고) 마가복음 본문을 읽는 우리는 사자가 예비한 길의 주인공이 예수님이심을 압니다. 그런데 마가복음 안에서는 세례 요한을 제외하고 그분의 오심이 갖는 의미, 그 중요성을 인식한 사람이 더 있었다는 암시를 전혀 찾아볼 수 없습니다. 사실 여호수아가 처음 약속의 땅으로 들어간 곳과 가까운 광야에서, 주님께서 오실 것을 기대한 사람이 있었는지, 또 세례 요한에게 몰려든 군중들이 그를 새 일의 상징으로 봤는지를 파악하기조차 쉽지 않습니다. 그들은 무언가 중요한 일이 일어나고 있다는 것은 감지했지만, 복음서들은 모두 그들이 그들의 기대감으로 인해 눈이 멀었음을 암시합니다. 그들이 기대한 것이 무엇이었든, 그들은 예수님 안에서 자신들의 기대에 대한 대답을 발견하지 못한 것으로 보입니다. 그때에도, 예수님의 공생애 때에도, 심지어 예수님이 십자가에 달려 죽으실 때에도 그들은 그 대답을 발견하지 못했습니다.

이는 광야에 나가는 것이 반드시 하나님을 인식하게 만드는 것은 아님을 말해줍니다. 이로써 우리는 정신이 번쩍 들게 됩니다. 우리 가운데서도 하나님은 거듭 예상하지 못한 방식으로 나타나십니다. 세례 요한과 예수님을 따라 '광야'로 나가는 것은 분명 좋은 출발점입니다. 하지만 결코 거기에서 그쳐서는 안 됩니다.

묵상 9

마가복음 1:4-6 (개역개정)

⁴ 세례 요한이 광야에 이르러 죄 사함을 받게 하는 회개의 세례를 전파하니 ⁵ 온 유대 지방과 예루살렘 사람이 다 나아가 자기 죄를 자복하고 요단 강에서 그에게 세례를 받더라 ⁶ 요한은 낙타털 옷을 입고 허리에 가죽 띠를 띠고 메뚜기와 석청을 먹더라

말라기 4:5-6 (개역개정 참고)

⁵ 보라 여호와의 크고 두려운 날이 이르기 전에 내가 선지자 엘리야를 너희에게 보내리니 ⁶ 그가 부모의 마음을 자녀에게로 돌이키게 하고 자녀들의 마음을 그들의 부모에게로 돌이키게

하리라 돌이키지 아니하면 내가 와서 저주로 그 땅을 칠까 하
노라

세례 요한이 정말로 엘리야와 같은 선지자였는지 의심이
든다면, 그가 회개의 세례를 전파하고 있는 장면을 봐야 합니
다. 이 장면은 또다시 말라기와 연결되는데요. 여호와의 길을
예비하러 올 엘리야는 부모의 마음을 자녀에게로, 자녀의 마
음을 부모에게로 돌이키기 위해서도 보냄을 받게 됩니다. 여
기서 '돌이키다'에 해당하는 히브리어 단어(슈브)는 또한 '회개
하다'로도 번역될 수 있습니다. 따라서 히브리어 안에서 회개
는 돌이킬 때 일어나는 것이라고 볼 수 있습니다. 세례 요한은
(말라기에서와 같이) 오랫동안 기다려온 엘리야와 같은 모습을 띠
고 왔을 뿐만 아니라, 또한 말라기와 동일한 메시지를 선포하
기 위해 왔습니다.

오늘날 우리가 겪는 문제 중 하나는 우리가 기독교 신앙과
그 특징을 설명하는데 쓰는 언어들 대다수가, 신앙이 없거나
이제 막 신앙을 갖게 된 사람들에게는 너무 생소하다는 것입
니다. 심지어 아주 오랜 시간 그리스도인으로 지내온 사람들
에게조차 다소 생소하게 들릴 때가 있습니다. 더욱이 우리가
사는 세상은 '죄'나 '회개'와 같은 단어들을 잘 이해하지 못합

니다. 그러한 단어들이 기이하고 유별나게, 심지어 지나치게 정죄하는 것처럼 들리는 것이죠. 세상 사람들의 탓이 전혀 아니라고 볼 수는 없을 것입니다. 다만 '죄'라는 단어가 역사적으로 무거운 의미를 담아온 반면, 일상적인 대화에서는 자주 사용되지 않기 때문에, 오늘날 사람들의 정서적인 측면에서 어떤 의미를 갖기가 어렵다는 것이죠.[1] 따라서 우리는 번역이라는 작업을 통해서 우리가 사는 현대 세계에서도 이러한 개념이 의미 있게 전달될 수 있도록 노력해야 합니다.

'회개'라는 단어 역시 마찬가지입니다. 회개는 여전히 중요하게 여겨지지만, 그럼에도 우리의 세계보다는 고대와 중세 세계와 더 어울린다고 생각하기 쉽습니다. 또한 의도적으로 그러는 것은 아니지만, 때로 기독교 전통 안에서 우리가 영원히 도는 회개의 회전문에 갇힌 것 같은 느낌이 들 때가 있습니다. 제대로 죄를 회개하지 못하고, 그저 회개할 또 다른 죄를 찾는 것입니다. 이렇듯 우리가 충분히 주의를 기울이지 않으면 '회개'라는 단어는 자칫 '우리가 충분히 착하지 않다'는 정도의 상투적인 단어가 되기 쉽습니다. 우리의 잘못을 옹호하

---

1   이 주제를 탁월하게 다룬 책이 있습니다. Francis Spufford, *Unapologetic: Why, Despite Everything, Christianity Can Still Make Surprising Emotional Sense* (Faber and Faber, 2012).

는 격려 정도가 돼버리는 것입니다.

회개에 대한 바른 신학은 우리가 용서를 받았다는 사실로 인해 따뜻한 햇빛 속에서 살아갈 수 있는 여유를 주어야 합니다. 저는 말라기 4:6─"부모의 마음을 자녀에게로 돌이키게 하고 자녀들의 마음을 그들의 부모에게로 돌이키게 하리라"─의 이미지에서 강렬한 느낌을 받습니다. 그리고 이 말씀에, 사람들의 마음을 서로에게로 그리고 하나님에게로 돌이키게 하자는 내용을 덧붙이고 싶습니다. (사람들 사이에서) 서로에게로 마음을 돌이키고 또 하나님에게로 마음을 돌이키는 것에 있어서 핵심은, 일단 돌이키고 나면 한 번 더 서로를 마주보게 된다는 데 있습니다. 마음을 돌이키면 더 깊은 관계를 맺을 수 있는 기회를 얻게 됩니다. 다시 말해, 충만한 진리와 풍성한 사랑으로 서로를 마주할 때 비로소 올바른 관계가 맺어집니다. 물론 우리는 결국 사람이기에, 또다시 외면할 수 있고 또다시 돌이켜야 할 수도 있습니다. 그렇지만 회개의 언어는 분명 우리가 어디로 향하고 있는지를 깨닫게 해줍니다.

회개의 목적은 우리가 얼마나 나쁜 존재인지를 상기시키는 데 있지 않습니다. 즉, 부적절한 부분과 실패로 인한 자기혐오로 우리 존재를 채우는 것이 회개의 목적이 아닙니다. 회개의 목적은 우리를 창조하신 하나님의 사랑이 넘치는 삶을 살아가도록, 우리를 하나님에게로 또 서로에게로 돌이키게 하는 데 있습니다.

묵상 10

마가복음 1:1-2, 9-11 (개역개정 참고)

¹ 하나님의 아들 예수 그리스도의 복음의 시작이라 ² 선지자 이사야의 글에 보라 내가 내 사자(messenger)를 네 앞에 보내노니 그가 네 길을 준비하리라 ⁹ 그 때에 예수께서 갈릴리 나사렛으로부터 와서 요단 강에서 요한에게 세례를 받으시고 ¹⁰ 곧 물에서 올라오실새 하늘이 갈라짐과 성령이 비둘기 같이 자기에게 내려오심을 보시더니 ¹¹ 하늘로부터 소리가 나기를 너는 내 사랑하는 아들이라 내가 너를 기뻐하노라 하시니라

말라기 3:1 (개역개정 참고)

¹ 보라 내가 내 사자(messenger)를 보내리니 그가 내 앞에서 길을 준비할 것이요

어떤 이야기를 읽거나 들을 때 누리는 즐거움 중 하나는, 그 이야기에 배경이나 풍경, 조역들을 덧붙이는 것입니다. 우리의 상상력은 이야기에 생명을 불어넣는 세부 사항을 덧붙이는, 즐거운 스토리텔링 작업에 참여합니다. 여러분이 좋아하는 책들을 토대로 만들어진 영화를 볼 때 종종 어려움이 느껴지는 이유도 여기에 있습니다. 여느 영어 문학 작품과 마찬가지로, 복음서는 우리의 상상력을 그 이야기 속에 펼칠 것을 요구합니다. 배경을 펼치고, 풍경을 그리며, 조역들뿐만 아니라, 핵심적인 인물들도 덧붙일 것을 요구합니다. 우리가 이미 살펴봤듯이, 복음서의 이야기는 광야―두려운 곳이면서 동시에 생명을 주는 곳―라는 양면적인 배경을 중심으로 진행됩니다. 우리가 지금 해야 할 일은 그 배경 속에 머무는 것입니다. 그곳에서 마가는 세례 요한과 예루살렘에서 온 무리와 예수님은 물론이거니와, 또 다른 누군가를 바라보고 있습니다.

마가의 말라기 인용에서 나타나는 특징 중 하나는 대명사의 차이인데요. 말라기에서 하나님은 "나의" 앞에서 길을 준비하라고 "나의" 사자를 보낸다고 선포하십니다. 하지만 마가복음에 인용된 말라기 구절은 "나의" 사자를 "너의" 앞에 보낸다고 말하고 있습니다. 즉, 하나님의 말씀의 청중이 바뀌었습니다. 말라기에서 하나님은 구원을 기다리는 하나님의 백성에게 말씀하셨습니다. 하지만 마가복음에서 하나님은 다른 이, 즉 구원을 받게 될 사람들이 아니라, 구원을 행하게 될 이에게 말씀하십니다.

이 마가복음 본문에서 하나님께서 말씀하시는 대상이 누구인가라는 질문에 대한 가장 좋은 대답은 물론 '예수님'이 될 것입니다. 세례 요한은 예수님의 길을 예비했고 또 몇 구절 뒤에 보면, 예수님이 세례를 받으실 때 하나님께서 또다시 예수님을 가리켜 "너"라고 말씀하시기 때문입니다. "너는 내 사랑하는 아들이라 내가 너를 기뻐하노라"(막 1:11). 이러한 내용들은 모두 우리가 흔히 생각한 것과는 다른 관점으로 본문을 보게 합니다. 인간인 우리는 자연스럽게 인간 세상의 관점을 가지고 있습니다. 다시 말해서, 우리는 우리의 관점으로 사건을 봅니다. 어찌보면 당연한 것이죠. 하지만 여기서 마가는 또 다른 렌즈를 끼고 자신의 이야기에 접근할 것을 요구합니다. 우리는 습관적으로 요한의 메시지와 그에게 몰려든 사람들에게만 관심을 둡니다. 하지만 마가는 우리에게 이 중요한 이야기 속에 완전히 다른 차원—우리가 주의를 기울이지 않으면 놓치기 쉬운 차원—의 이야기가 있음을 알려줍니다.

즉, 마가를 통해 펼쳐지는 이야기는 하나님의 이야기이기도 합니다. 아니 처음부터 하나님이 이끄셨습니다. 실제로 마가복음의 시작 장면은 '하나님'이 다시 오시리라 기대된 장소, 즉 광야에서 펼쳐지고 있습니다. 광야는 오래전부터 '하나님'께서 약속하신 인물—길을 예비하라고 보냄을 받은 엘리야—과 관련이 있습니다. 또한 광야는 '하나님'으로부터 위임을 받은 인물—'하나님'의 백성을 구원하라고 보냄을 받은 예수님—과 관련이 있습니다. 그러나 인간의 관점으로 보면, 딱히 특별한 점을 알아차리기가 쉽지 않습니다. 그저 괴상한 옷을 입고 회개를 외치는 선지자 정도가 보일 뿐이죠. 심지어 마가는 예수님이 세례를 받으신 후 하나님의 음성을 들은 것은 오직 예수님 한 분 뿐이었다는 이야기를 덧붙입니다. 즉, 그 누구도 특별한 점을 알아차리지 못했다는 것입니다.

결론적으로 마가의 이야기는 인간의 관점에서뿐만 아니라, 하나님의 관점에서도 봐야 하는 이야기라고 할 수 있습니다. 이런 식으로 봐야 하는 이야기가 계속해서 이어집니다. 우리의 세계와 우리의 삶 역시 인간의 관점에서 볼 수도 있고 또 하나님의 관점에서 볼 수도 있습니다. 하지만 예수님 시대의 사람들처럼 우리 또한 자주 하나님의 관점을 놓치곤 합니다. 우리가 하나님께서 하시는 일들에 세심하게 주의를 기울인다면, 우리가 보는 관점이 전부가 아니며 세상을 다르게 바라보는 관점이 있음을 분명하게 깨닫게 될 것입니다.

묵상 11

마가복음 1:12 (개역개정)

¹² 성령이 곧 예수를 광야로 몰아내신지라

성령이 예수님께 내려오신 후, 가장 먼저 하신 일은 예수님을 광야로 몰아내는 것이었습니다. 여기서 약간의 혼동이 올 수도 있는데요. 바로 '예수님은 이미 광야에 계시지 않았나?' 하는 것입니다. 세례 요한은 주님의 길을 예비하고 또 그것을 선포하기 위해 광야로 갔습니다. 그리고 예수님은 그곳에서 요한을 만나셨고 세례도 받으셨습니다. 그렇다면 어떻게 성령이 예수님을 또다시 광야로 몰아낼 수 있다는 말입니까?

먼저 이러한 세부 사항을 이해하는 방식 중에, 마가가 이따금씩 예수님의 위치를 혼동했다고 보는 방식이 있습니다. 실제로 마가는 예수님이 갈릴리 바다를 건너셨다고 말하고 나서, 나중에는 예수님이 출발하실 때와 같은 쪽에 있다고 말하기도 합니다(마가복음 8:10[달마누다]와 8:22[벳새다] - 달마누다는 갈릴리 바다 서쪽, 벳새다는 갈릴리 바다 북동쪽에 위치해 있습니다 - 역주). 지금 여기 1장에서도 그와 같은 일이 벌어지고 있을 가능성이 있습니다. 즉, 마가가 예수님이 이미 광야에 있다는 사실을 잊어버렸을 수 있습니다.

그러나 마가가 단지 물리적인 위치보다도 더 크고 중요한 무언가를 전달하려는 의도였을 가능성이 훨씬 더 큽니다. 그의 다른 지리적 혼동들과 마찬가지로요. 마가복음 안에서 반대편으로 건넌다는 표현은 곧 큰 변화의 순간이 코앞에 다가왔다는 표시입니다. 이와 동일한 방식으로, 광야로 나가는 것은 곧 구원이 가까워져 오고 있음을 암시합니다. 이 주제는 마가복음 안에서 아주 중요한 주제이며, 마가는 지금 그 중요성을 상기시키고 있습니다. 물론 이러한 광야의 주제가 반복되는 모티프에 지나지 않을 가능성도 있습니다. 이에 대한 판단은 여러분에게 맡기겠습니다.

광야라는 주제가 그만큼 중요하다면, 그 주제를 이러한 방식으로 언급하는 것은 곧 성경에서 자주 광야와 연결되는 또다른 흐름—사람들이 하나님의 음성을 들을 수 있는 장소로서의 광야—까지도 암시하는 것이라고 볼 수 있습니다. 이를테면, 모세는 불타는 떨기나무에서 하나님의 음성을 들었습니다(출 3:1-9). 엘리야는 광야로 도망친 후 호렙산 동굴에서 하나님의 음성을 들었습니다(왕상 19:1-13). 심지어 바울도 주님의 음성을 듣고 나서 아라비아로 가게 되었습니다(갈 1:17). 이렇게 광야는 위험한 장소임과 동시에 구원의 장소였고, 혼자만의 장소임과 동시에 넓고 광활한 장소였습니다. 삶은 자주 활동과 억눌림의 소용돌이가 되고, 또 일상은 이런저런 제약들로 뒤덮이곤 합니다. 그러므로 우리가 하나님의 음성을 듣는 데 능숙하지 못하면, 일상의 떠들썩한 소란을 넘어서 하나님의 음성을 들을 수 있는 가능성은 거의 없다고 봐야 합니다.[2]

물론 마가는 성령이 왜 예수님을 광야로 몰아내셨는지 정확히 말해주지 않습니다. 하나님께서 이미 1:2, 11에서 예수님에게 말씀하셨기 때문에, (예수님이) 애초에 하나님의 음성을 듣기 위해서 간 것도 아니었습니다. 또한 예수님이 구약성경의 인물들—모세(출 3:11-4:13), 요나(욘 1:3)—과 같이, 자신의 부르심에서 도망쳐 벗어나려고 한 것이라는 내용도 전혀 찾아볼 수 없습니다. (다음 구절[1:12]이 우리에게 말해주듯이) 이후 광야에서 예수님이 사탄에게 시험을 받게 되기는 하지만, 광야가 시험 이상으로 성찰 혹은 준비를 하기 위한 공간이 되었는지도 모르겠

---

2 우리는 일상의 떠들썩한 소란 속에서도 하나님의 음성을 듣는 일에 능숙해질 수 있습니다. 이에 대해 더 자세히 알고 싶다면, 저의 또 다른 책을 참고하세요. 물론 이것은 쉽지 않은 일입니다(Paula Gooder, *Everyday God: The Spirit of the Ordinary*, SCM Press, 2014).

습니다. 아마도 광야에서의 시간은 예수님에게 사역─군중에게서 물러나려고 하셨지만 오히려 더 많은 사람들이 뒤따르게 되었던 사역─이 시작되기 전 마지막으로, 드넓은 곳에서 홀로 집중할 수 있는 시간을 제공해 주었을 것입니다.

사순절은 드넓은 곳에서 홀로 집중할 시간이 필요함을 깨닫게 해주는 시간입니다. 이는 곧 성찰하고, 준비하고, 또 하나님의 음성을 들을 수 있는 시간입니다. 사실 소수의 사람들만이 사순절의 40일 동안 광야로 물러날 수 있을 것입니다. 대다수의 사람들은 그렇게 할 시간도, 열망도 없기 때문입니다. 그러한 곳을 발견하기 위해 우리는 무엇을 할 수 있을까요? 그 대답은 삶의 순간순간마다, 또 우리 각자마다 다르겠지만, 그럼에도 반드시 생각해봐야 하는 질문인 것은 분명합니다.

묵상 12

마가복음 1:13 (개역개정 참고)

¹³ 광야에서 사십 일을 계시면서 사탄에게 시험을 받으시며 들 짐승들과 함께 계시니 천사들이 수종들더라

마침내 우리는 마가의 시험 이야기, 아니 더 정확하게는 시험에 관한 구절에 도착했습니다. 짧지만 그럼에도 무게감이 상당한 이 구절 속에서 흥미진진하게도 세 그룹의 등장인물이 나타나는데요. 바로 사탄과, 들짐승과 천사입니다. 이 수상쩍은 세 그룹이 모두 광야에서 예수님과 함께 있었다는 사실을 제외하면 서로 무슨 연관성이 있는지를 파악하기가 그렇게 쉬운 일은 아닙니다.

사실 마가는 이 짧지만 의미심장한 구절 속에서 심오한 신학적 핵심을 전달하고 있습니다. 이 이야기의 배경을 살피는 것이 그 핵심을 파악하는 데 도움이 될 것 같은데요. 이 마가의 이야기의 배경에는 또 다른 시험 이야기—마가복음의 이야기를 필연적인 것으로 만들어 주는 이야기—가 숨겨져 있습니다. 그것은 바로 에덴 동산 이야기, 곧 아담과 하와의 시험 이야기입니다. 일단 동산의 뱀은 사탄으로 볼 수 있습니다. 또 (천사에 관해서 말하자면) 성경 이후의 전승은 아담과 하와가 에덴 동산에서 섬기는 천사들을 통해 먹고 살았다고 이야기합니다. 그곳에서는 먹기 위해 일할 필요가 없었습니다.[3] 마가복음

---

3   이를테면, 바빌론 산헤드린 59b를 보세요. 에덴 동산에서 아담은 기대어 누워 있고, 섬기는 천사들이 그를 위해 고기를 굽고 포도주를 짜고 있습니다.

1:13을 보면 이 두 이야기 사이에 들짐승들—에덴 동산의 들
짐승들과 같이 그리고 하나님이 약속하신 미래에 대한 예언
속에 나오는 들짐승들과 같이(이를테면, 이사야 11:6-9에 나오는 어린 양
과 함께 누워있는 사자)—이 있습니다. 들짐승들은 서로 싸우지 않
고 조화롭게 잘 지냈을 뿐만 아니라, 예수님과도 잘 지냈던 것
으로 보입니다.

　마가복음의 짧은 이 구절은 크고 분명한 소리로 말하고 있
습니다. 아주 오래된 이야기가 다시 시작되었다고요. 에덴 동
산의 평화와 조화 속에서 아담과 하와는 시험을 받아 넘어졌
습니다. 새 아담이신 예수님은 아담과 하와와 같이 천사들의
섬김을 받으셨고 또 그들과 같이 사탄에게 시험도 받으셨습니
다. 하지만 이번에는 동산이 아닌 광야—위험과 구원 사이에
놓여 있는 광야—에서 그 일들이 일어났습니다. 아담과 하와
와는 달리, 예수님은 시험을 이겨 내셨습니다. 그리고 예수님
은 새 시대—들짐승들이 서로 조화롭게 사는 때 그리고 하나
님께서 그분의 백성을 구원하기 위해 오시는 때—의 도래를
알리셨습니다.

　이렇듯 마가는 자신의 이야기 안에서 독자들의 손을 잡고
소망과 구원의 징조들을 차례대로 보여줍니다. 특히 이 구절
은 마가가 트럼펫을 꺼내어 우리 귀에 대고 그가 낼 수 있는

가장 큰 소리로 분 것과 같습니다. 이 이야기의 배경이 되는 광야는 이사야가 하나님께서 다시 오심을 준비해야 할 곳이라고 선포한 장소입니다. 말라기가 예언한 대로 엘리야와 같은 인물이 광야에서 예수님의 오심을 선포했습니다. 하늘(heaven)에서 하나님 또한 예수님의 정체성과 부르심을 선포하셨습니다. 그러고 나서 새 아담이신 예수님이 사탄에게 시험을 받으신 것입니다. 또한 예수님은 천사들에게 섬김을 받으셨고 들짐승들과도 평화롭게 머무셨습니다. 오랫동안 기다려온 순간이 마침내 도래한 것입니다. 마가가 세상이 곧 영원히 변하게 될 것을 가리키기 위해 그 이상으로 할 수 있는 일은 없었습니다.

하지만 바로 그 다음 구절—"요한이 잡힌 후 예수께서 갈릴리에 오셔서 하나님의 복음을 전파하여"(막 1:14)—에서부터, 광야에서 갈릴리로, 사막에서 일상의 영역으로, 구원의 선포가 명료하게 울려 퍼지는 곳에서 야단법석 소란스러운 사역의 장소로 전환이 됩니다. 이제 그 명료했던 소리는 희미해지기 시작합니다. 예수님의 부르심을 듣고 그분을 따르기 시작했던 제자들은, 예수님이 누구이신지 전혀 이해하지 못하는 모습을 거듭해서 보여줍니다. 많은 사람들이 놀랐지만 거기까지였습니다. 심지어 서기관들과 바리새인들 그리고 대제사장들은 예수님을 향해 노골적인 적대감을 보이기도 했습니다.

예수님을 따르고 하나님의 나라를 선포하려고 날마다 씨름하는 우리들에게, 그 씨름을 마가복음 1:1-13에서처럼 이상적으로 한다 해도 사람들은 여전히 예수님이 누구이신지, 그분이 왜 오셨는지를 파악하지 못했다는 사실은 상당히 위로가 됩니다. 물론 마가의 이야기는 훗날 과거를 되돌아보며 뒤늦은 깨달음을 얻어 기록된 이야기입니다. 그리고 그 뒤늦은 깨달음은 언제나 우리에게 하나님과 하나님의 목적에 대한 더 명확한 그림을 보여줍니다. 하지만 아무도 그분이 누구이신지 알아차리지 못했을 때조차 예수님은 여전히 예수님이셨고, 아무도 무슨 일이 일어나고 있는지 인식하지 못했을 때조차 세상은 완전히 뒤바뀌었다는 것을 기억할 필요가 있습니다. 하나님의 역사는 인간이 인식을 하든지 못하든지 상관없이 일어났습니다.

마가가 전하는 예수님의 '시험' 이야기는 강렬한 주제들—소망과 구원, 정체성과 인식—을 전달합니다. 또한 마가는 다른 어떤 복음서 저자들보다도, 광야의 양면성을 우리에게 보여주고 싶었던 것 같습니다. 두려움와 명료함, 절망과 소망, 죽음과 부활이 균형을 이룬 장소로서 말이죠. 광야는 우리를 힘들고 어렵게도 하지만 동시에 선물을 가져다주기도 합니다. 마가복음의 시작 부분은 그 선물의 본질을 면밀히 조사하고 살펴보며 풀어헤치는 곳 중 하나입니다.

사순절의 시작과 함께, 우리는 광야에서 겪는 모든 양면적인 경험들—우리를 높여주기도 하고 낮아지게도 하는 경험들, 희망을 주기도 하고 절망을 주기도 하는 경험들, 하나님의 음성을 명료하게 듣게 해주기도 하고 마치 하나님이 지금도 또 앞으로도 부재하실 것 같은 느낌이 들게 하는 경험들—을 묵상하고 성찰해야 합니다. 또한 예수님 시대의 사람들이 그랬던 것과 같이, 우리 역시 우리 주위에 하나님의 임재의 표시들(signs)이 있음에도, 알아보지 못하고 있는 것은 아닌지 점검해 봐야 합니다.

3장 당신은 누구입니까?

3장 당신은 누구입니까?
마태복음 속 예수님과 마귀

누가복음과 마찬가지로 마태복음 역시 예수님이 시험받으시는 이야기를 마가복음보다 훨씬 더 자세하게 전달합니다. 마태복음과 누가복음, 두 복음서 모두에서 예수님은 시험을 받기 전에 먼저 광야에서 밤낮 사십 일을 보내십니다. 또한 마귀가 세 차례 예수님을 시험하는데요. 곧 돌(들)이 떡이 되게 하라고[1], 성전 꼭대기에서 뛰어내리라고, 자신에게 엎드려 경배하라고 말하며 예수님을 시험합니다. 그리고 세 차례의 시험 중에서 두 번은 "네가 만일 하나님의 아들이어든"이라는 문구로 시작합니다. 시험이 광야에서 시작되지만 그곳에서 계속 진행되지는 않습니다. 마귀는 예수님을 높은 산으로—마태복

---

1   마태복음에서는 복수 형태로 '돌들'이 나오고, 누가복음에서는 단수 형태로 '돌'이 나옵니다.

음은 높은 산으로 묘사하고, 누가복음은 그저 "[이끌고] 올라 갔다"고 묘사합니다—그리고 예루살렘의 성전으로 데려갑니 다.

(마가복음의 이야기보다) 더 자세한 시험 이야기를 읽다보면, '지 금 무슨 일이 일어나고 있는 것인가?'라는 질문이 생기기 마 련입니다. 예수님은 어떤 시험을 받고 계신 걸까요? 그리고 예 수님께서 마귀의 시험에 대응한 방식으로부터 우리는—그리 스도인으로서, 제자로서—무엇을 배울 수 있을까요? 앞으로 이 질문을 중요하게 다룰 것입니다.

이 장에서는 마태복음 4:1-10에 초점을 맞추어 묵상을 진 행할 것입니다. 본격적으로 살펴보기에 앞서 먼저 본문 전체 를 읽는 것이 좋을 것 같습니다.

마태복음 4:1-10 (개역개정)

¹ 그 때에 예수께서 성령에게 이끌리어 마귀에게 시험을 받으 러 광야로 가사 ² 사십 일을 밤낮으로 금식하신 후에 주리신지 라 ³ 시험하는 자가 예수께 나아와서 이르되 네가 만일 하나님 의 아들이어든 명하여 이 돌들로 떡덩이가 되게 하라 ⁴ 예수께 서 대답하여 이르시되 기록되었으되 사람이 떡으로만 살 것이 아니요 하나님의 입으로부터 나오는 모든 말씀으로 살 것이라

하였느니라 하시니 5 이에 마귀가 예수를 거룩한 성으로 데려다가 성전 꼭대기에 세우고 6 이르되 네가 만일 하나님의 아들이어든 뛰어내리라 기록되었으되 그가 너를 위하여 그의 사자들을 명하시리니 그들이 손으로 너를 받들어 발이 돌에 부딪치지 않게 하리로다 하였느니라 7 예수께서 이르시되 또 기록되었으되 주 너의 하나님을 시험하지 말라 하였느니라 하시니 8 마귀가 또 그를 데리고 지극히 높은 산으로 가서 천하 만국과 그 영광을 보여 9 이르되 만일 내게 엎드려 경배하면 이 모든 것을 네게 주리라 10 이에 예수께서 말씀하시되 사탄아 물러가라 기록되었으되 주 너의 하나님께 경배하고 다만 그를 섬기라 하였느니라

묵상 13

마태복음 4:1 (개역개정)

1 그 때에 예수께서 성령에게 이끌리어 마귀에게 시험을 받으러 광야로 가사

'시험'이라는 단어를 들으면 어떤 생각이 떠오르나요? 그 단어에는 강력한 힘이 있습니다. 기본적으로 유혹이라는 의미가 담겨 있으며, 그것을 이겨내는 일이 어렵다는 것을 암시합니다. 또 강렬한 유혹이 우리를 계속해서 무너뜨리고 굴복시키려고 하는 모습을 암시합니다. 광고 산업은 이러한 힘을 누구보다도 잘 알고 있습니다. 실제로 많은 광고들이 무언가 사람들을 끌어당길 만큼 충분히 매혹적이라면, 그들은 그것에 결코 맞설 수 없을 것이라는 가정하에 만들어집니다.

어떤 이들에게 사순절은 곧 시험에 맞서는 시간입니다. 무언가를 중단하거나 끊어내는 일의 핵심은 시험과 유혹에 맞서는 기술을 연마하는 것에 달려있는데요. 그러한 기술은 특히 크고 강한 시험이 우리의 길을 가로막을 때 필요합니다. 다르게 표현하자면, 그것은 우리가 배워야 할 중요한 교훈이라고 할 수 있습니다. 오늘날은 특히 내가 누구이든, 무엇을 가졌든 만족하는 법을 배우는 것이 그 어느 때보다 중요한 시대입니다. 우리가 가는 길을 가로막는 수많은 시험에 흔들리지 않기 위해서 말이죠.

여기서 한 가지 떠오르는 의문은 예수님이 시험받으신 이야기가 과연 '우리가 따를 수 있는 모델을 제공하는가?'입니다. 일단 '유혹' 혹은 '시험'이라는 단어가 예수님과 마귀의 언쟁에 있어서 중요한 부분이라는 것을 염두에 두어야 합니다. 영어에서 '유혹' 혹은 '시험'이라는 단어는 매력적인 무언가가 제시되었음을 암시합니다. 즉, 너무 매력적이어서 거부할 수 없고 곧바로 행동으로 이어지게 하는 '무언가'를 가리킵니다. 그리고 항상 그런 것은 아니지만 자주 이 '무언가'는 죄와 연결이 됩니다. 그런데 이것이 과연 예수님과 마귀 사이에 일어난 일이 맞을까요? 40일 밤낮을 금식한 이후 떡은 분명 너무나도 매력적인 대상이었을 것입니다. NRSV성경은 예수님의 상태를 묘사하기 위해 '굶주린'(famished)이라는 단어를 택했는데요. 그런데 과연 성전 꼭대기에서 뛰어내리라는 말이나, (마귀에게) 엎드려 경배하라는 말도 모두 동일하게 매력적으로 들렸을까요?

'유혹(하다)'(tempt)으로 번역된 단어는 본래 그리스어로 페이라조(peirazo)입니다. 마태복음에서는 이 단어가 '시험(하다)'(test)으로 번역되기도 했습니다. 마태복음 16:1을 보면 바리새인과 사두개인들은 예수님에게 하늘로부터 오는 표적을 구하며 그분을 시험합니다. 또한 마태복음 19:3을 보면 바리새인들이 예수님을 시험하여 이혼에 관한 견해를 묻습니다. 두 본문 모두 '시험'하는 자들이 예수님에게 딴죽을 걸어 넘어뜨리고 싶어했음을 보여주지만, 그러나 죄를 짓도록 유혹했다는 암시를 드러내지는 않습니다. 오히려 그들이 한 일은 예수님이 중압감 속에서 어떻게 반응할 것인지를 보기 위해 도발하고 시험한 것이었습니다. 마귀 역시 이러한 일을 하고 있었던 것입니다. 또한 애초에 예수님은 성령의 이끄심에 따라 광야로 가신 것이라는 사실도 기억해야 합니다. 다시 말해서, 예수님이 마귀를 만나신 것은 하나님의 계획 속에 있었습니다. 예수님과 마귀는 허용되지 않은 유혹을 위해 살그머니 그곳으로 떠난 것이 아니었습니다. 성령이 예수님을 이끄셨죠.

이 모든 맥락은 예수님과 마귀 사이에 벌어진 일을 '유혹'보다는 '시험'으로 옮기는 것이 더 낫다는 것을 시사합니다. 서론에서도 살펴봤듯이, 이렇게 봐야 마귀가 예수님에게 두 차례 사용한 표현—"네가 만일 하나님의 아들이어든"—이 더욱 잘 들어맞습니다. 이 시점에서 마태가 예수님이 하나님의 아들이라고 생각하고 있었던 것은 확실합니다. 마귀가 그 점을 의심했다는 암시는 찾아보기 어렵습니다. 따라서 문제는 '예수님이 하나님의 아들이 맞는지' 여부가 아니라, '어떤 (유형의) 하나님의 아들이었는지'였습니다.

마귀는 예수님이 쉬운 길을 택할지, 아니면 어려운 길을 택할지를 보기 위해서 시험하고 있습니다. '그는 자신의 유익을 위해—자신의 굶주림을 채우기 위해—기적을 일으키는 (유형의) 하나님의 아들이 될까? 아니면 다른 이들의 유익을 위해 기적을 일으키는 하나님의 아들이 될까?', '그는 하나님께서 당신의 계획에 반하여 움직이시도록 몰아붙이는 행동—성전 꼭대기에서 뛰어내리는 행동—이라도 불사하는 하나님의 아들이 될까?', '그는 세상에서 권세를 얻기 위해서라면 무슨 일—마귀에게 엎드려 절하는 일—이라도 서슴지 않는 하나님의 아들이 될까?' 이처럼 마귀는 도발적인 표현을 통해, 예수님이 어떤 (유형의) 하나님의 아들이 될 것인지를 선택하도록 몰아세운 것입니다.

우리가 사순절 동안 예수님의 본을 따르고자 한다면, 유혹과 시험에 관해서 생각해보는 것이 유익할 것입니다. 이제 우리에게는 '그렇다면 우리는 어떤 (유형의) 제자인가?'라는 질문이 남습니다. 우리는 어떤 제자가 될 것이며, 어떤 행동을 하게 될까요? 만일 우리가 사순절의 끝에 다다라, 이 질문에 대한 명확한 답—예수님이 마귀에게 답하신 것처럼—을 찾는다면, 그렇다면 분명 사순절을 잘 보냈다고 말할 수 있을 것입니다.

묵상 14

마태복음 4:1-3, 10 (개역개정)

¹ 그 때에 예수께서 성령에게 이끌리어 마귀에게 시험을 받으러 광야로 가사 ² 사십 일을 밤낮으로 금식하신 후에 주리신지라 ³ 시험하는 자가 예수께 나아와서 이르되 네가 만일 하나님의 아들이어든 명하여 이 돌들로 떡덩이가 되게 하라 ¹⁰ 이에 예수께서 말씀하시되 사탄아 물러가라 …

성경 안에서 사탄의 역할이 항상 전적으로 악한 것만은 아닙니다.

이 말에 여러분이 불쾌감을 느껴 손을 들어 질문하기 전에, 제가 먼저 제 말의 의미를 설명하겠습니다. 히브리어로 사탄은 '고발자'라는 뜻입니다. 실제로 욥기에서 '사탄'(the satan)은 이름이 아니라 직함(job title)입니다. 이후에 역대상(21:1-2), 스가랴(3:1-2)와 같은 책에 이르러서야 비로소 역할이 아닌 이름(Satan)이 됩니다.

고발자로서의 역할은 곧 의문(질문)을 제기하는 것이었습니다. 욥기를 보면 사탄은 욥이 저주를 받으면 그가 축복을 받았을 때만큼 경건하지 않을 것이라는 의문을 제기합니다. 그러자 하나님께서는 그러한 사탄의 이론을 시험할 수 있는 권한을 주셨습니다. 사실 욥기라는 책 자체가 그 의문에 대한 대답이라고 할 수 있습니다. 또한 스가랴서를 보면 사탄이 새로운 대제사장, 여호수아를 고발하려고 서 있습니다. 하지만 이 경우에는 하나님께서 사탄을 꾸짖으시고 그를 고발하는 것을 허락하지 않으십니다.

마태복음 4장에서 우리가 보게 되는 마귀도 바로 이와 같습니다. 이 마귀는 예수님의 대답이 무엇인지를 보기 위해 시험하고 고발합니다. 이러한 측면에서 볼 때, 마태가 그 존재에세 가지 다른 이름—마귀(마 4:1), 시험하는 자(마 4:3), 사탄(마 4:10)—을 부여한 것은 흥미로운 부분입니다. 이것은 심지어 마태복음 안에서도 마귀의 역할이 대답을 듣기 위해 질문을 던지고 자세히 캐물으며 도발하는 것임을 보여줍니다.

성경의 이야기들 가운데, 마귀의 역할이 철저하게 반역하고 대적하는 모습뿐만 아니라, 자세히 캐묻고 질문을 던지는 모습을 보이는 경우는, 4장의 이야기가 사실상 마지막이라고 할 수 있습니다. 계속해서 성경을 읽어보면 마귀의 역할이 점점 더 악해지는 것을 볼 수 있습니다. 하나님께 조금씩 반대하다가 결국에는 완전히 대적하는 존재가 됩니다. 마태복음 안에서 마귀의 다양한 호칭(title)은 이후에도 계속해서 나타납니다. 이를테면, "바알세불"(마 12:24),[2] "악한 자"(마 13:38), "원수"(마 13:39)와 같은 표현들이 나타납니다. 또한 성경 전체로 확대해서 보면 이보다 더 다양한 표현들이 나타납니다(이를테면, 루시퍼 [사 14:12, 개역개정에서는 "계명성" - 역주], 벨리알[고후 6:15]).

이처럼 마귀는 다양한 호칭과 역할을 가지고 있습니다. 그중 어떤 것도 선하지는 않지만, 그렇다고 모두가 동일한 수준으로 악한 것은 아닙니다. 성경을 보면, 어떤 곳에서는 마귀가 나타내는 악, 그 뒤에 따라오는 재앙, 사람들의 삶과 생명을 파괴시키는 마귀의 영향, 하나님께 반역한 대가가 아주 선명하게 드러납니다. 하지만 또 어떤 곳에서는 마귀의 대적이 그저 질문을 던져 시험하는 것으로 제한되기도 합니다.

시험하고 자세히 캐묻고 도발하는 것은 사실 중요한 기능을 합니다. 그러한 과정을 통해 사람들이 정말로 누구인지, 또 어떤 선택을 할 것인지를 파악할 수 있기 때문입니다. 도발을

---

2 이 단어가 어디에서 왔는지에 대해서는 학자들의 견해가 명확하지 않습니다. 참고로 구약성경 안에 바알세붑 혹은 파리들의 바알에 대한 언급이 있습니다(왕하 1:2). 다른 유대 문헌에서는 바알세불이 마귀들의 왕으로 나오기도 합니다.

가려내고, 소명의 참된 본질을 분별하며, 부르심에 충실하게 남아있는 능력은 그리스도인의 신앙과 삶에 있어서 아주 중요한 부분입니다. 마태의 이야기 안에서 예수님이 드러내신 것도, 시험과 유혹 앞에서 자신이 누구인지를 충실하게 붙잡는 능력이라 할 수 있습니다. 예수님은 바로 그것을 우리에게 보여주고 계신 것입니다.

예수님께서 마귀를 물리치시기 전에("사탄아 물러가라"[마 4:10]), 마귀에게 세 차례 시험을 허락하셨다는 것에도 주의를 기울여야 합니다. 예수님은 분명 더 빨리 마귀에게 떠나라고 말씀하실 수 있었지만—물론 나중에는 정말 그렇게 하셨습니다—그럼에도 시험을 허락하셨습니다. 만일 마귀에게 허락하신 시험에 맞서 예수님께서 (성경에 기록된 것과) 다르게 대답하셨더라면, 아마도 파멸적인 결과가 이어졌을 것입니다. 그러나 예수님은 확고부동하셨습니다. 이로써 우리는 그러한 상황에서 따라야 할 모범을 보게 됩니다. 문제는 시험 자체가 아니었습니다. 문제는 시험 앞에서 우리가 누구로 부르심을 받았는지를 '기억해내는지 아니면 잊어버리는지' 입니다.

묵상 15

마태복음 4:2-4 (개역개정)

² 사십 일을 밤낮으로 금식하신 후에 주리신지라 ³ 시험하는 자
가 예수께 나아와서 이르되 네가 만일 하나님의 아들이어든 명
하여 이 돌들로 떡덩이가 되게 하라 ⁴ 예수께서 대답하여 이르
시되 기록되었으되 사람이 떡으로만 살 것이 아니요 하나님의
입으로부터 나오는 모든 말씀으로 살 것이라 하였느니라 하시
니

전 세계 모든 문화는 말이나 행동보다 훨씬 더 많은 것을
전달하는 교과서적인 장면을 가지고 있습니다. 이를테면, 서
구 사회에서 누군가가 한쪽 무릎을 꿇고 반지를 들고 있는 것
을 본다면, 이 행동이 무엇을 의미하는지, 그 사람이 무엇을 말
할 것인지에 관한 분명한 기대를 갖게 됩니다. 이와 마찬가지
로, 성경에 나오는 어떤 장면들은 말이라는 직접적인 표현보
다 훨씬 더 많은 것을 전달합니다. 일례로 우리는 앞서 광야의
중요성과 그 단어가 전달하는 복잡 미묘한 기대를 살펴본 바

있습니다. 또 다른 사례로는 남녀가 우물에서 만나는 장면이 있습니다. 이러한 장면은 곧 결혼과 관련된 이야기가 이어질 것을 기대하게 만듭니다(요한복음 4장에서도 예수님과 사마리아 여인의 대화 뒤에 여인의 결혼 생활에 대한 이야기가 나올 것이라는 기대가 숨겨져 있습니다).

이와 마찬가지로 이 마태복음의 장면도 무언가를 전달하고 있습니다. 예수님께서 밤낮 40일을 광야에 계시다가 신명기의 말씀(6-8장)을 인용―마태복음 4:4에서는 신명기 8:3을, 마태복음 4:7에서는 신명기 6:16을, 마태복음 4:10에서는 신명기 6:13을 인용―하신 것은, 하나님의 백성이 출애굽 후 약속의 땅에 들어가기 전, 광야에서 헤맨 사건을 떠오르게 만듭니다. 예수님은 밤낮 40일 동안 광야에 계셨고, 하나님의 백성은 40년 동안 광야에 있었습니다. 신명기 8:5-20은 광야에서의 시간이 하나님의 백성에게 아주 중요한 교훈―하나님을 향한 신실함과 하나님에 대한 신뢰―을 가르치기 위한 것이었음을 분명하게 밝히고 있습니다. 하나님의 백성은 광야에 있는 동안 세 가지 핵심적인 교훈을 배워야 했습니다. 첫 번째, 사람은 떡으로만 살 수 없다는 것(신 8:3), 두 번째, 하나님께 이의를 제기하거나 시험해서는 안 된다는 것(신 6:16), 세 번째, 오직 하나님만을 경배하고 다른 누구도 경배해서는 안 된다는 것(신 6:13)이었습니다. 하지만 성경을 읽어보면, 하나님의 백성이 그러한 교훈들을 잘 배우지 못했다는 것을 알 수 있습니다. 그들은 계속해서 넘어지고 실패했습니다.

하나님께서 그분의 백성을 맏아들로 구별하셨다는 사실—"여호와의 말씀에 이스라엘은 내 아들, 내 장자[맏아들]라"(출 4:22)—을 감안하면, 이 마태복음 장면 전체의 의미를 조금 더 쉽게 이해할 수 있습니다(그리고 어째서 예수님이 마귀를 물러가게 하기 전에 그가 세 번에 걸쳐 시험하도록 내버려 두셔야 했는지도 이해할 수 있습니다). 하나님의 아들이 다시 광야로 돌아온 것입니다. 밤낮 40일 동안 먹지도 마시지도 못했지만, 이 아들은 선조들과 달리 넘어지거나 실패하지 않았습니다.

이 아들은 옛 선조들과 똑같이 시험을 받았지만 아주 다르게 반응했습니다. 그 신실함이 결코 흔들리지 않았습니다. 예수님께서 광야에서 인용하신 신명기 구절들은(신 6:13, 16; 8:3) 가장 중요한 구절—"너는 마음을 다하고 뜻을 다하고 힘을 다하여 네 하나님 여호와를 사랑하라"(신 6:5)—로부터 흘러나온 것인데요. 정말로 광야에서 예수님은 마음을 다하고 뜻을 다하고 힘을 다하여 하나님을 사랑하셨습니다. 또한 광야에서 예수님은 하나님의 참된 자녀가 되는 길을 보여주셨습니다. 그리고 광야에서 예수님은 이제까지 언약을 지키는데 거듭 실패하고 넘어졌던 옛 선조들의 악순환을 끊어내셨습니다.

이 모든 내용이 결국 예수님께서 가장 상징적인 본문(신 6:5)을 성취하셨고, 그 덕에 우리 또한 그 말씀을 성취할 수 있게 되었음을 가리킵니다. 이야기가 다시 시작되었습니다. (마태복음의) 앞서 기록된 탄생 이야기에서, 예수님은 옛 선조들과 같이 애굽(이집트)으로부터 부르심을 받았습니다. "애굽으로부터 내 아들을 불렀다"(마 2:15). 또 예수님은 옛 선조들과 같이 광야에 머무셨습니다. 그리고 예수님은 옛 선조들과 같이 시험을 받으셨습니다. 하지만 여기까지만 유사한 모습이 나타납니다. 그 뒤로는 전혀 다른 이야기가 펼쳐집니다. 이 하나님의 아들은 구원이 시작될 광야로 나가셔서, 그곳에서 신실함의 본을 보이셨습니다. 그렇게 하나님의 구원 이야기, 구원을 이루는 사랑의 이야기가 다시 시작될 수 있었습니다.

광야에서 이루어진 예수님의 시험은 모든 것을 바꾸어 놓았습니다. 예수님은 (옛 선조들이) 광야에서 헤맸던 악순환을 깨뜨리셨고, 새로운 존재 방식의 문을 여셨습니다. 그 존재 방식 안에서 우리는 "따라오라"고 우리를 부르시는 분의 발자취를 따라 걸어갈 수 있게 되었습니다. 또 그 안에서 우리는 마음을 다하고 뜻을 다하고 힘을 다하여—우리의 전인으로—하나님에 대한 사랑을 표현할 수 있게 되었습니다.

묵상 16

마태복음 4:4 (개역개정)

⁴ 예수께서 대답하여 이르시되 기록되었으되 사람이 떡으로만 살 것이 아니요 하나님의 입으로부터 나오는 모든 말씀으로 살 것이라 하였느니라 하시니

신명기 8:3 (개역개정)

³ 너를 낮추시며 너를 주리게 하시며 또 너도 알지 못하며 네 조상들도 알지 못하던 만나를 네게 먹이신 것은 사람이 떡으로만 사는 것이 아니요 여호와의 입에서 나오는 모든 말씀으로 사는 줄을 네가 알게 하려 하심이니라

우리는 우리가 원하는 것에 지나치게 집착하여 정작 우리에게 필요한 것을 알아차리지 못하는 경향이 있습니다. 인간의 본성 중에는 목전의 필요에만 집중하여 그것이 충족되면 스스로 만족스럽다고 믿는 구석이 있습니다. 그뿐만 아니라, 우리는 당면한 문제가 해결되는 순간, 방금 전까지도 의지했

던 도움에서 벗어나 모든 것을 혼자 힘으로 하려고 애를 쓰는 경향이 있습니다.

신명기 8:3이 언급한 출애굽기 16장의 이야기, 즉 하나님의 백성이 만나를 먹게 되는 이야기는 우리가 누구이며, 또 누구로 부르심을 받았는지를 보여주는 좋은 사례라고 할 수 있습니다. 출애굽기에서 모세가 백성을 이끌어 기적적으로 갈라진 홍해를 건너고 나서, 불과 한 장 뒤에서(출 16장) 그들이 배고픔에 불평하며 애굽에서 종살이하던 때로 돌아가고 싶다고 투덜대기 시작했다는 사실은 아주 인상적인 부분입니다. 이 책의 1장에서 언급한 것처럼, 몸은 자유를 얻었지만 그 마음과 생각은 여전히 종살이를 하고 있었던 것입니다.

하나님께서는 그 백성의 불평을 들으시고 그들에게 저녁에는 메추라기를, 아침에는 떡과 같은 것—히브리어로 **만나**(manna, "이것이 무엇이냐?"라는 뜻)—을 주셨습니다. 하나님께서는 새로운 만나가 날마다 주어질 것이므로, 만나를 밤이 새도록 남겨두지 말라고 그들에게 말씀하셨습니다. 하지만 더 이상 하나님을 전적으로 의지하지 않아도 되게끔 만나를 남겨둔 이들도 분명 있었습니다.

신명기 8:3은 그러한 이야기 전체를 반영하고 있으며, 사람들에게 삶의 모든 영역에서 하나님을 의지하도록 가르치려는 의도를 담고 있습니다. 이 구절을 이해하는 핵심은 '살다'라는 단어입니다. "사람이 떡으로만 사는 것이 아니요"라는 말씀에 맞서 우리는 "살 수 있어!"라고 대답하고 싶은 마음을 갖기도 합니다. 사실 누군가는 떡만으로도 생존할 수 있을 것입니다(물 역시도 주어져야 하겠지만요). 아주 잘 지내지는 못하겠지만 분명 그럭저럭 생존할 수는 있을 것입니다. 하지만 살아 있을 수는 있어도, 결코 진정한 의미에서 살아있다고 말할 수는 없을 것입니다.

떡이 주어지는 것이 당장의 굶주림을 달래줄 수 있을지도 모르지만, 한 끼 한 끼 때우기만 하는 일은 생존의 문제이지 진정한 의미에서 사는 것이라 말하기 어렵습니다. 오로지 떡(혹은 오늘날 떡에 상응하는 그 무엇)에만 온 신경을 곤두세우는 것은, 우리 주변 사람들의 필요와 관심사가 아닌, 우리 자신의 필요와 관심사에만 초점을 두게 만듭니다. 이처럼 떡은 우리의 시선을 내부로(우리 자신에게로), 그리고 아래로(지금 우리의 관심을 사로잡는 일로) 끌어당깁니다.

이와 대조적으로, 진정한 삶은 우리의 시선을 외부로 그리고 위로 끌어당깁니다. 진정한 삶은 하나님의 입에서 나오는 모든 말씀에 의존하는 삶입니다. 하나님은 그저 때에 맞춰 만나를 주시는 분 정도가 아닙니다. 하나님의 입에서 나온 말씀으로 세상이 창조되었고, 그 말씀이 세상을 붙들고 있습니다. 하나님의 말씀은 치유와 위로와 소망을 가져다줍니다. 하나님의 말씀은 정의와 평화를 외칩니다. 이러한 이야기는 끝이 없습니다. 하나님의 말씀은 당장의 필요와 염려 너머로 우리를 부릅니다. 하나님의 말씀은 하나님께서 우리뿐만 아니라 온 세상을 창조하셨음을 상기시켜줍니다. 하나님의 말씀은 세상을 돌보는 일에 우리도 동참하도록 부릅니다. 하나님의 말씀은 우리가 만나는 모든 사람들에게 치유와 위로와 소망의 메시지를 전하게 합니다. 하나님의 말씀은 하늘(heaven)에서와 같이 땅에서도 하나님의 나라가 이루어지도록 우리의 존재를 다하여 노력할 것을 요구합니다.

예수님은 이 모든 것을 알고 계셨습니다. 이것이 바로 예수님께서 공생애 내내 자신의 필요와 염려에 얽매이기를 거부하신 이유입니다. 물론 지쳐서 기진맥진할 정도로 자신의 필요를 무시하라는 이야기가 아닙니다. 다만 다른 모든 것을 배제할 정도로, 우리 자신과 우리가 원하는 바에만 집중하지 말라는 것입니다. 우리에게 주어진 과제가 이것입니다. 곧 사람이 떡으로만 사는 것이 아니라는 말씀이 오늘날 무슨 의미인지를 깊이 성찰해야 합니다. 우리는 우리의 시선을 어디로 끌어당기고 있습니까? 내부입니까? 외부입니까? 아래입니까?

위입니까? 우리는 어떻게 하나님의 입에서 나오는 모든 말씀을 온전히 그리고 전심으로 의지하는 법을 배울 수 있습니까?

묵상 17

마태복음 4:5-7 (개역개정 참고)

⁵ 이에 마귀가 예수를 거룩한 성으로 데려다가 성전 꼭대기에 세우고 ⁶ 이르되 네가 만일 하나님의 아들이어든 뛰어내리라 기록되었으되 그가 너를 위하여 그의 천사들을 명하시리니 그들이 손으로 너를 받들어 발이 돌에 부딪치지 않게 하리로다 하였느니라 ⁷ 예수께서 이르시되 또 기록되었으되 주 너의 하나님을 시험하지 말라 하였느니라 하시니

시편 91:11-12 (개역개정)

¹¹ 그가 너를 위하여 그의 천사들을 명령하사 네 모든 길에서 너를 지키게 하심이라 ¹² 그들이 그들의 손으로 너를 붙들어 발이 돌에 부딪히지 아니하게 하리로다

신명기 6:16 (개역개정)

16 너희가 맛사에서 시험한 것 같이 너희의 하나님 여호와를 시
험하지 말고

'증거 본문'(proof-text)을 탁구공 주고 받듯이, 제가 성경 한
구절을 서브로 보내면, 여러분은 그 구절을 받아내면서 여러
분의 성경 구절을 다시 보내는 방식이, 꼭 기독교 배경에서 오
랜 시간을 보내야만 할 수 있는 것은 아닙니다. 과거에 많은
교회들 가운데 유행한 이 방식은 사실 그다지 좋은 개념도 아
닙니다. 언뜻 보면 마귀와 예수님이 마치 탁구 경기하듯이, 증
거 본문을 주고 받는 것처럼 보일 수 있습니다. 마귀는 성경
구절을 높게 쳐서 예수님에게 보냈고, 예수님은 또 다른 성경
구절로 받아치신 것처럼요.

얼핏 마귀와 예수님이 똑같은 방식—자신의 주장을 증명
하기 위해 문맥에서 벗어나 성경 구절들을 사용하는 방식—
으로 성경을 사용하고 있는 것처럼 보일 수도 있지만, 실제로
는 아주 큰 차이가 있습니다. 그 차이의 핵심은 각 구절들이
본래 문맥에서 가리켰던 의미에 있습니다.

마귀가 인용한 구절은 시편 91편에 있습니다. 시편 91편은
우리를 보호하시는 하나님의 신실하심에 관해서(시 91:1), 우리

의 피난처시요, 요새이신 하나님에 관해서(시 91:2) 그리고 우리를 날개로 덮으시며, 안전하게 지켜주시는 하나님에 관해서 이야기합니다(시 91:4). 마귀가 인용한 구절들은 하나님께서 우리를 변함없이 돌보아 주신다는 문맥 가운데 있습니다. 또한 이 시편의 핵심이 15절에서 자세히 나타나는데요. "그들이 내게 간구하리니 내가 그들에게 응답하리라. 그들이 환난 당할 때에 내가 그들과 함께하여 그들을 구원하고 영화롭게 하리라"(시 91:15, NRSV). 요컨대, 하나님은 우리가 도움을 필요로 할 때마다 언제든지 도와주실 준비가 되어 있다는 말씀입니다. 마귀는 (이 말씀을 비틀어) 예수님에게 일종의 모의 실험을 해보라고 유도합니다. 즉, 도움이 절실한 환난 가운데 있을 때 하나님께서 도움을 주시는지 안 주시는지 시험해보기 위해서, 스스로를 불필요한 위험에 노출시켜 보라는 것이었습니다. 다시 말해, 자발적으로 그 생명을 위험에 빠뜨려보라는 것이었습니다.

이와 극명하게 대조적으로, 예수님께서는 정확하고 올바른 방식으로 성경 구절을 사용하셨습니다. (예수님께서 인용하신) 신명기 6:16에 언급된 이야기 역시 출애굽기를 가리키는데요. 이번에는 출애굽기 17장입니다. 하나님께서 주신 만나와 메추라기를 먹은 직후, 이스라엘 백성은 또다시 불평하기 시작했습니다. 이번에는 목이 마르다는 이유로 원망을 퍼부었습니다 (출 17:3). 그런데 이보다 더 중요한 것은, 심지어 하나님께서 자신들과 함께 계시는지 아닌지도 모르겠다고 불평하기 시작했다는 것입니다(출 17:7). 그러한 상황 속에서 모세는 사람들이 자신에게 돌을 던질까 두려웠습니다. 그러자 하나님께서는 모세에게 반석을 치라고 말씀하시며 물을 주셨습니다. 이스라엘 백성은 절반의 교훈은 배웠지만, 또 다른 절반은 배우지 못했습니다. 그들은 하나님께서 자신들을 먹이실 수 있고 또 그렇게 하실 것이라는 것을 배웠습니다. 하지만 그들은 완전히 잘못된 방식을 사용했습니다. 하나님께서 그들이 원하는 것을 정확히 이행하지 않으셨다고, 하나님의 임재 자체를 의심하는 방식을 사용했으니까요.[3]

예수님의 대답은 마귀가 유도한 것이 정확히 이스라엘 백성이 **맛사**(*Massah*)에서 한 일—하나님이 누구이신지 스스로 밝히신 것을 신뢰하지 않고, 자신들이 원하는 대로만 하나님이 행동하시도록 강요한 일—임을 알고 계셨다는 것을 보여줍니다. 마귀는 성경 말씀이 무엇을 말하고 있는지에는 관심이 없고, 그저 자신의 목적을 위해 말씀을 사용하는 방식을 택했습

---

3   히브리어 **맛사**(*Massah*)는 '시험'을 의미합니다. 그 이름부터가 이스라엘 백성의 행동의 의미를 가리키는 기능을 합니다.

니다. 이러한 방식은 우리에게도 꽤나 유혹적입니다. 그러나 우리는 그러한 방식을 따르지 말고 이겨내야 합니다. 이러한 맥락에서 볼 때 기도의 방향을 올바로 세우는 일은 여간 어려운 일이 아닙니다. 하나님은 우리를 사랑하시며 또한 우리가 우리의 필요를 간구하기를 원하시지만, 자주 우리의 간구는 하나님을 시험하는 방향으로 기울어집니다. 하나님이 원하시는 바가 아니라, 우리가 원하는 바에 따라 하나님이 행동하시기를 강요하고 밀어붙이는 것이죠. 그렇다면 핵심은 하나님이 정말로 스스로 밝히신 그 하나님이심을 신뢰하는 데 있다고 할 수 있습니다. 즉, 우리는 세상을 향한 최선을 모르지만, 하나님은 알고 계시다는 것을 신뢰하는 것입니다.

묵상 18

마태복음 4:8-11 (개역개정)

⁸ 마귀가 또 그를 데리고 지극히 높은 산으로 가서 천하 만국과 그 영광을 보여 ⁹ 이르되 만일 내게 엎드려 경배하면 이 모든 것을 네게 주리라 ¹⁰ 이에 예수께서 말씀하시되 사탄아 물러가

라 기록되었으되 주 너의 하나님께 경배하고 다만 그를 섬기라 하였느니라 [11] 이에 마귀는 예수를 떠나고 천사들이 나아와서 수종드니라

신명기 6:13 (개역개정)
[13] 네 하나님 여호와를 경외하며 그를 섬기며 그의 이름으로 맹세할 것이니라

마귀는 세 번째 시험을 위해 또다시 장소를 바꿉니다. 예수님은 첫 번째와 두 번째 시험 사이에 광야에서 성전으로 옮겨지셨고, 이제는 천하 만국을 볼 수 있는 높은 산으로 옮겨지셨습니다. 물론 실제로 천하 만국을 볼 수 있는 산은 없습니다. 하지만 높은 산 꼭대기에서는 주변 땅이 지평선까지 뻗어 있는 모습을 훤히 볼 수 있기 때문에, 아마도 그러한 표현을 사용한 것일 것입니다.

이 마귀의 시험이 세 번의 시험 중 유일하게 "네가 (만일) 하나님의 아들이어든"으로 시작하지 않는 시험인데요. 왜 여기에서는 그 표현이 나타나지 않는지를 파악하는 일은 그렇게 어렵지 않습니다. 앞선 두 시험은 하나님의 아들—이기적인 하나님의 아들, 하나님을 시험하는 하나님의 아들이 될지언

정—에게 해당하는 내용이었습니다. 하지만 이 마지막 시험은 예수님에게 '하나님의 아들'이 되는 것 자체를 포기하고 충성의 대상을 바꿀 것을 요구하는 시험입니다. 꼭 마귀가 아니더라도 다른 어떤 대상을 경배했다면, 그로써 하나님과의 관계도 끊어졌을 것입니다. 즉, 이것은 예수님에게 자신이 정말로 누구인지를 선포할 것을 요구하는 중대한 순간이었습니다.

그런데 여기서 마귀가 정말로 예수님에게 "천하 만국과 그 영광"을 줄 수 있는 능력이 있었는지를 질문하지 않을 수 없습니다. 마귀는 정말로 "천하 만국과 그 영광"을 소유하고 있었을까요? 이 지점에서 마귀는 지금까지의 '사탄'(the satan)의 역할, 그 이상의 역할을 지닌 존재임을 드러냅니다. 지금까지 마귀가 한 역할은 질문(의문)을 던지고 도발하는 것이었습니다. 하지만 이제 우리는 마귀가 세상을 지배하는 (어느 정도의) 권세를 갖고 있음을 보게 됩니다(그렇지 않았다면 예수님에게 그런 제안을 하지 못했을 것입니다). 사실 신약성경은 자주 마귀가 이 세상의 지배자라고 이야기합니다(이를테면, 요 12:31; 14:30; 16:11; 엡 6:11-12). 그리고 이것이 아마도 마지막 시험 장면에 암시되고 있는 내용인 것으로 보입니다. 이 세상과 이 시대로 한정된 마귀의 권세가 지금 예수님에게 제시되고 있는 것입니다.

아이러니하게도 마태복음의 끝부분에 이르면, 예수님께서

갈릴리에 있는 다른 산에 서서(마 28:16), "하늘과 땅의 모든 권세를 내게 주셨으니"(마 28:18)라고 선포하시는 것을 볼 수 있습니다. (예수님을 사랑하시는) 하나님께 순종함으로 받는 고난과 죽음은, 예수님에게 마귀가 제시한 권세보다 훨씬 더 큰 권세—하늘과 땅의 모든 권세—를 가져다주었습니다. 마귀는 이 세상, 이 시대에 해당하는 일시적인 권세를 제시했을 뿐입니다. 하지만 예수님은 결국 하늘과 땅의 모든 권세, 영원한 권세를 받으셨습니다. 마귀가 제시한 권세는 하나님에 대한 충성을 깨뜨리고 그 대신 마귀를 경배하는 조건으로 주어지는 권세였습니다. 하지만 마태복음 28장에서 예수님에게 주어진 권세는, 어떤 대가를 치르더라도 하나님께서 맡기신 사명에 충성하고 순종함으로 받는 권세입니다.

마지막 시험에 대한 대답과 함께 예수님은 마귀를 쫓아내셨습니다. 하지만 얼마 안 가 더 좋은 선택지가 나타날 것을 기대함으로 내쫓으신 것은 아니었습니다. 예수님은 하나님을 경배하고 섬기는 것이 자신이 누구인지를 가리키는 핵심이었기 때문에 마귀를 내쫓으신 것입니다. 말이 난 김에 한 가지 더 덧붙이자면, 마태복음이 신명기 6:13에 나오는 단어, "경외"(fear)를 "경배"(worship)로 바꾼 것은 주목하여 볼 가치가 있습니다. 사실 경외와 경배는 동일하다고 봐야 합니다. 구약성경에서 "하나님을 경외"—잠언은 하나님을 경외하는 것이 지혜의 근본이라고 이야기합니다—한다는 것은, 세상을 창조한 전능하신 하나님 앞에서 두려워하면서도 또 그분을 공경하고, 경이로워 한다는 감정을 담고 있습니다. 그리고 그러한 감정은 곧바로 경배로 이어집니다. 마귀의 말이 시사하는 것은, 예배나 헌신을 다른 방향으로 드린다고 해도, 그 누구에게도 해가 되지 않는다는 것이었습니다. 하지만 예수님은 그것이 크게 해가 될 것이며, 그로 인해 자신이 누구인지를 나타내는 본질이 뒤바뀌게 될 것을 분명히 아셨습니다. 예수님과 같이 우리 역시 예배해야 할 대상과, 예배하지 말아야 할 대상을 분별하도록 부르심을 받았습니다. 우리는 그러한 분별이 바로 예수님이 누구이신지를 결정했다는 사실을 기억해야 합니다. 그리고 그 분별이 또한 우리가 누구인지를 결정할 것이라는 사실을 기억해야 합니다.

마태복음에서 예수님이 마귀에게 시험을 받으시는 이야기는 정체성이라는 문제에 초점을 두고 있습니다. 예수님은 어떤 (유형의) 하나님의 아들이 되기로 선택하셨습니까? 마태복음을 계속해서 읽다보면, 예수님께서 마귀 앞에서 하신 결정이 곧, 그분의 사역—다른 이들의 필요를 위해 자신이 원하는 바를 내려놓는 사역, 하나님께서 정말로 스스로 밝히신 그 하나님이 맞는지 시험하지 않고 또한 하나님의 본성을 분명하게 인식함으로써 이루어지는 사역, 모든 일의 중심에 하나님을 향한 경배와 섬김을 놓음으로써 이루어지는 사역—전체를 이끄는 결정이었다는 것을 분명하게 확인할 수 있습니다.

이제 우리는 이러한 하나님의 아들에게, 어떤 (유형의) 제자가 될 것인지를 스스로 고민하고 결정해야 합니다. 그리고 결정을 내렸다면, 우리의 모든 영역 가운데서 (열정과 헌신으로) 그 결정대로 살아내야 합니다.

4장 시험

4장 시험
누가복음 속 예수님과 시험

　　마태복음과 누가복음에서 예수님이 마귀로부터 시험을 받
으시는 이야기는 서로 유사합니다. 따라서 굳이 비슷한 내용
을 또다시 살펴보지는 않을 것입니다. 물론 저는 본문을 자세
히 들여다보는 것을 좋아하지만, 그만큼 또 한계가 있습니다.
　　이번 장에서는 누가가 이야기하는 예수님과 마귀의 만남
이 (마태의 이야기와 비교하여) 어떤 면에서 차이가 있는지에 중점을
두고 살펴볼 것입니다. 특히 두 가지 차이점이 눈에 띄는데요.
첫 번째 차이점은 누가복음에서는 마지막 두 질문의 순서가
뒤바뀌었다는 것입니다. 즉, 엎드려 경배하라는 이야기가 먼
저 나오고, 그 다음에 성전에서 뛰어내리라는 이야기가 나옵
니다. 두 번째 차이점은 누가복음의 경우 마태복음에서처럼
마귀가 완전히 떠나가는 것이 아니라는 점입니다. 그저 적절

한 때가 다시 오기까지 일시적으로 떠나갑니다. 이 두 가지 차이점은 비록 세부적인 사항이기는 하지만, 그럼에도 누가가 전하는 예수님의 생애와 사역 이야기를 이해하는 데 있어서 흥미진진한 실마리를 던져줍니다. 또한 이후 제자도를 향한 우리의 여정에 훌륭한 영양분을 공급해줍니다.

이전 장들과 마찬가지로, 본격적으로 내용을 살펴보기에 앞서 먼저 본문 전체를 읽는 것이 좋을 것 같습니다.

누가복음 4:1-13 (개역개정)

¹ 예수께서 성령의 충만함을 입어 요단 강에서 돌아오사 광야에서 사십 일 동안 성령에게 이끌리시며 ² 마귀에게 시험을 받으시더라 이 모든 날에 아무 것도 잡수시지 아니하시니 날 수가 다하매 주리신지라 ³ 마귀가 이르되 네가 만일 하나님의 아들이어든 이 돌들에게 명하여 떡이 되게 하라 ⁴ 예수께서 대답하시되 기록된 바 사람이 떡으로만 살 것이 아니라 하였느니라 ⁵ 마귀가 또 예수를 이끌고 올라가서 순식간에 천하 만국을 보이며 ⁶ 이르되 이 모든 권위와 그 영광을 내가 네게 주리라 이것은 내게 넘겨 준 것이므로 내가 원하는 자에게 주노라 ⁷ 그러므로 네가 만일 내게 절하면 다 네 것이 되리라 ⁸ 예수께서 대답하여 이르시되 기록된 바 주 너의 하나님께 경배하고 다만

그를 섬기라 하였느니라 ⁹ 또 이끌고 예루살렘으로 가서 성전 꼭대기에 세우고 이르되 네가 만일 하나님의 아들이어든 여기서 뛰어내리라 ¹⁰ 기록되었으되 하나님이 너를 위하여 그 사자들을 명하사 너를 지키게 하시리라 하였고 ¹¹ 또한 그들이 손으로 너를 받들어 네 발이 돌에 부딪치지 않게 하시리라 하였느니라 ¹² 예수께서 대답하여 이르시되 주 너의 하나님을 시험하지 말라 하였느니라 ¹³ 마귀가 모든 시험을 다 한 후에 얼마 동안 떠나니라

묵상 19

누가복음 4:5-13 (개역개정)

⁵ 마귀가 또 예수를 이끌고 올라가서 순식간에 천하 만국을 보이며 ⁶ 이르되 이 모든 권위와 그 영광을 내가 네게 주리라 이것은 내게 넘겨 준 것이므로 내가 원하는 자에게 주노라 ⁷ 그러므로 네가 만일 내게 절하면(worship) 다 네 것이 되리라 ⁸ 예수께서 대답하여 이르시되 기록된 바 주 너의 하나님께 경배하고 다만 그를 섬기라 하였느니라 ⁹ 또 이끌고 예루살렘으로 가서

성전 꼭대기에 세우고 이르되 네가 만일 하나님의 아들이어든 여기서 뛰어내리라 ¹⁰ 기록되었으되 하나님이 너를 위하여 그 사자들을 명하사 너를 지키게 하시리라 하였고 ¹¹ 또한 그들이 손으로 너를 받들어 네 발이 돌에 부딪치지 않게 하시리라 하였느니라 ¹² 예수께서 대답하여 이르시되 주 너의 하나님을 시험하지 말라 하였느니라 ¹³ 마귀가 모든 시험을 다 한 후에 얼마 동안(어느 때가 되기까지, 새번역) 떠나니라

마태와 달리 누가는 왜 마귀가 자신이 예수님에게 천하 만국을 줄 수 있다고 생각했는지, 그 단서를 제공합니다. 천하 만국이 그에게 넘겨졌기 때문입니다. 누가복음의 문맥에서 이것은 로마제국을 겨냥한 예리한 잽 한 방이라고 할 수 있습니다. 누가복음 2:1 ― "그 때에 가이사 아구스도가 영을 내려 천하로 다 호적하라 하였으니" ― 을 보면, 아우구스투스(아구스도) 황제가 "천하로 다 호적하라"고 명령할 만큼, 로마는 당시 전 세계를 관리하는 감시자 격의 나라였습니다. 여기서 누가가 교묘하게 지적하는 ― 혹은 대놓고 이야기하는 ― 요점은, 온 세계의 영광과 권위가 '마귀'에게 '넘겨졌다'는 것입니다. 즉, 현재 세계의 감시자, 관리자인 로마는 세계의 영광과 권위를 가장 신뢰하기 어려운 마귀의 손에 넘겨주었다는 것입니다. 이것이

바로 마귀가 예수님에게 천하 만국을 줄 수 있다고 말한 배경입니다.

물론 이런 배경도 흥미롭지만, 서론에서도 언급했듯이 누가의 시험 이야기에서 가장 흥미로운 특징은 두 번째와 세 번째 시험의 순서가 (마태의 이야기와) 반대로 되어있다는 것입니다. 마태의 시험 이야기에서 절정은 하나님만을 경배해야 한다는 최종적인 서술입니다(마 4:10). 반면에 누가의 이야기에서 절정은 예수님께서 하나님을 시험하기를 거부하신 것입니다(눅 4:12). 그러나 누가의 이야기 안에서 아마도 이보다 더 중요한 것은, 이 마지막 시험의 장소가 바로 예루살렘이었다는 것입니다. 여기에 누가의 마지막 서술—"마귀가 얼마 동안 떠나니라"(눅 4:13)—을 함께 감안하여 보면, 누가가 이 이야기를 통해 전달하려는 바가 더욱 분명해집니다.

마태의 이야기에서는 마귀가 떠나면서 시험도 끝이 납니다. 예수님은 "물러가라"고 말씀하시며 마귀를 내쫓습니다. 하지만 누가의 이야기의 경우 마귀는 다시 돌아올 좋은 기회가 생길 때까지, 그저 일시적으로 자리를 피한 것뿐입니다. 이렇게 누가는 마귀가 예수님을 다시 한번 시험하러 돌아올 때를 예상하게 만듭니다. 여러분이 누가복음 안에서 마귀가 예수님을 다시 시험하기 위해 돌아올 때를 알아내려고 골몰히 생각하기 전에, 제가 먼저 말씀을 드리려고 합니다. 이후 사탄이 몇 차례 등장하기는 하지만, 그것이 예수님을 시험하기 위한 것은 아니었습니다. 그렇지만 엄밀히 따지면 예수님은 공생애 동안 내내 시험을 받으셨다고 말할 수도 있습니다. 누가는 마귀가 다양한 사람들과 집단들의 모습으로 가장하여 돌아왔다는 흥미로운 개념을 도입하고 있기 때문입니다. 실제로 그들은 예수님께서 자신이 받은 소명—자기를 내어주고, 고난 받는 하나님의 아들—을 버리고 더 편하고 쉬운 선택을 하도록 부추깁니다.

마귀의 시험이 예루살렘에서 끝나는 것은, 이후에 예수님이 시험받으실 장소 역시 예루살렘—겟세마네 동산에서, 재판을 받을 때, 십자가에서—이 될 것을 상기시킵니다. 누가는 (세상과 세상의 모든 영광을 넘겨 받았다는) 마귀라는 특정한 인물에 대한 인식과, 고발하고 시험하는 그 역할이 다양한 모습으로 나타날 수 있다는 인식 사이에서 조심스럽게 균형을 잡고 있습니다. 이로써 누가는 사탄이 언제나 뿔과 삼지창을 장착한 채로 눈에 띄게 다가오는 것이 아니며, 실제 마귀의 시험은 다양한 모습으로 올 수 있음을 상기시킵니다. 이렇게 마귀는 우리가 정말로 누구인지, 우리가 누구로 부르심을 받았는지를 망각할 때까지, 우리의 자아와 소명을 무너뜨리려 애쓰고 있습니다.

누가가 우리에게 주는 도전은 곧 이에 대한 경계를 늦추지 않아야 한다는 것입니다. 오늘날에도 시험은 다양한 모습과 형태로 올 수 있습니다. 그러한 시험은 심지어 우리가 시험인지 알아차리기도 전에, 우리를 잘못된 길로 가도록 만들 수 있습니다.

묵상 20

누가복음 13:31-35 (새번역)

[31] 바로 그 때에 몇몇 바리새파 사람들이 다가와서 예수께 말하였다. 여기에서 떠나가십시오. 헤롯 왕이 당신을 죽이고자 합니다. [32] 예수께서 그들에게 말씀하셨다. 가서, 그 여우에게 전하기를 보아라, 오늘과 내일은 내가 귀신을 내쫓고 병을 고칠 것이요, 사흘째 되는 날에는 내 일을 끝낸다 하여라. [33] 그러나 오늘도 내일도 그 다음 날도, 나는 내 길을 가야 하겠다. 예언자가 예루살렘이 아닌 다른 곳에서는 죽을 수 없기 때문이다. [34] 예루살렘아, 예루살렘아, 예언자들을 죽이고, 네게 파송된 사람들을 돌로 치는구나! 암탉이 제 새끼를 날개 아래에 품듯이,

내가 몇 번이나 네 자녀를 모아 품으려 하였더냐! 그러나 너희는 그것을 원하지 않았다. ³⁵ 보아라, 너희의 집은 버림을 받을 것이다. 내가 너희에게 말한다. 너희가 말하기를 주님의 이름으로 오시는 분은 복되시다 할 그 때가 오기까지, 너희는 나를 다시는 보지 못할 것이다.

누가복음에 기록된 다소 특이한 이야기 중 하나가 바로 13장입니다. 13장을 보면, 예수님에게 바리새파에 속한 낯선 조력자들이 나타납니다. 그들은 헤롯이 예수님을 죽이려 한다고 경고하기 위해 예수님을 찾아온 사람들입니다. 언뜻 보면, 이 이야기에 별다른 의도가 없는 것처럼 보이기도 합니다. 그렇지만 누가복음 4:13의 말씀, 곧 마귀가 그저 '적당한 때'까지만 일시적으로 떠났다는 불길한 말씀을 떠올려보면, 이 이야기가 다르게 보이기 시작합니다. 이는 '그때들' 가운데 하나입니다. 여기서 잠시 한 가지를 분명히 짚고 넘어가겠습니다. 저는 바리새인들이나 헤롯이 정말로 마귀라고 말하려는 게 아닙니다. 다만 그들 모두가 앞서 4장에서 마귀가 예수님을 시험한 것과 아주 유사한 방식으로 예수님을 시험하고 있다는 것을 지적하고 싶을 뿐입니다.

누가복음의 중심에는 예수님께서 예루살렘을 향하고자 결

심하셨다는 선언이 있는데요(눅 9:51-53). 이를 통해 저자인 누가와 독자인 우리는 예수님이 예루살렘에서 최종적인 시험—고난과 죽음—을 겪게 되실 것을 예상하게 됩니다. 누가복음 13장에서 바리새인들은 헤롯이 예수님을 죽이려 한다는 암울한 소식을 전함으로써, 예수님이 정해진 길을 버리고 살기 위해 달아나야 하는지 아닌지와 같은 문제를 제기합니다. 여기서 우리는 어쩌면 예수님이 그 소식을 통해 시험을 받으신 것은 아닐까 추측해 볼 수 있습니다. 예수님의 최종적인 목적지는 예루살렘이므로 거기까지 무사히 가려면, 그들의 경고를 받아들이는게 더 현명한 선택은 아니었을까요? 혹은 다른 길로 갈 수도 있지 않았을까요?

여기가 바로 이 사건과, 광야에서의 시험 사이에 병행이 전면에 드러나는 곳입니다. 마귀가 광야에서 예수님께 제안한 것 중 하나도 지름길—더 빨리 인정받는 길—이었습니다. 기적적으로 떡을 만들어 내거나, 천하 만국에 대한 권세를 갖거나, 높은 곳에서 떨어져 죽음에 이르는 상황에서 천사들이 극적으로 나타나 구출해주는 것은 모두 즉시 인정을 받을 수 있도록 해주는 일이었습니다. 지금 이 이야기도 마찬가지입니다. 예수님 앞에 예루살렘으로 서둘러 갈 수 있는 지름길이 놓인 것입니다. 하지만 예수님께서는 그 길을 거부하셨습니다.

예수님의 진정한 소명은 즉시 널리 인정받는 것도 아니었고, 단순히 예루살렘에 도착하기만 하면 되는 것도 아니었습니다. 예수님이 결국에는 그 두 가지 모두를 이루기는 하시지만, 그것을 하러 오신 것은 아니었습니다. 예수님은 마귀들을 쫓아내고 병자들을 고치기 위해 오셨습니다. 여기서 한 가지 눈에 띄는 것은 헤롯이 '원했던 것'과 예수님이 '원하셨던 것' 사이의 대조입니다. 헤롯은 예수님을 죽이길 원했습니다(눅 13:31). 예수님은 암탉이 제 새끼를 모아 품듯이, 예루살렘(의 자녀들)을 모아 품기를 원하셨습니다(눅 13:34). 예수님은 치유하기 위해서, 양육하기 위해서, 사랑하기 위해서 오셨습니다. 부유함을 보장하는 제안도, 목숨이 위태로운 죽음의 위협도 그분을 막진 못했습니다. 예수님은 어떤 어려움 가운데서도 자신의 부르심에 충성하셨고, 죽음도 명예도 똑같이 냉철하게 바라보셨습니다.

우리가 예수님께서 우리에게 보여주신 본을 떠올릴 때, 그분이 혼란스러운 상황 속에서 보여주신 명료함과, 불안한 상황 속에서 보여주신 강인함을 분명하게 인식하는 것이 중요합니다. 예수님은 자신이 무엇을 하기 위해 왔는지, 또 누구로 부르심을 받았는지 분명히 아셨습니다. 또한 아무리 시험이 크다고 하더라도 자신의 부르심으로부터 벗어나지 않으셨습니다. 우리 또한 이와 같이 부르심을 받았습니다. 우리는 당장의 보상만을 바라면서, 우리가 가는 길에서 벗어나거나 혹 시험에 빠지기가 쉽습니다. 또 불길하거나 불행의 조짐으로 인해 겁을 먹고 가던 길에서 도망치기도 쉽습니다. 그렇다면 우리에게 주어진 과제는 바로, 우리가 가는 길에서 벗어나게 만드는 위협들이 아무리 크다고 할지라도, 우리의 부르심을 지켜내는 것이라 할 수 있습니다.

묵상 21

누가복음 23:34-39 (새번역 참고)

[34] 그 때에 예수께서 말씀하셨다. 아버지, 저 사람들을 용서하여 주십시오. 저 사람들은 자기네가 무슨 일을 하는지를 알지 못합니다. 그들은 제비를 뽑아서, 예수의 옷을 나누어 가졌다. [35] 백성은 서서 바라보고 있었고, 지도자들은 비웃으며 말하였다. 이 자가 남을 구원하였으니, 정말 그가 하나님의 메시아라면, 자기나 구원하라지. [36] 병정들도 예수를 조롱하였는데, 그들은 가까이 가서, 그에게 신 포도주를 들이대면서, [37] 말하였다.

네가 유대인의 왕이라면, 너나 구원하여 보아라. [38] 예수의 머리 위에는 이는 유대인의 왕이다 이렇게 쓴 죄패가 붙어 있었다. [39] 예수와 함께 달려 있는 죄수 가운데 하나도 그를 모독하며 말하였다. 너는 메시아가 아니냐? 너와 우리를 구원하여라.

아이러니를 이해하고 즐기려면 시간과 노력이 필요합니다. 그래서 어떤 이들은 좋아하지만, 어떤 이들은 짜증을 냅니다. 개인적으로 저는 아이러니를 좋아합니다. 굳이 자세히 설명하지 않고도 깊이 있는 묵상을 가능하게 해주기 때문입니다. 아이러니한 표현은 기본적으로 불명확한 상태를 유지합니다. 그 표현이 가리키는 개념의 범위를 명시적으로 드러내지 않으면서도, 질문을 던지고 암시적으로 이야기하며 자세히 캐묻는 것이 특징입니다. 아이러니를 설명하는 것은 마치 농담을 설명하는 것과 비슷하다는 것을 저도 잘 압니다. 설명을 할 수는 있지만 그렇게 되면 더 이상 아이러니가 아니게 됩니다. 그래서 혹 여기서 제가 아이러니를 설명하지 않기를 바라는 분이 있다면, 미리 사과를 드리고 싶습니다.

여기서 누가의 아이러니를 설명하는 것이 중요한 이유는 누가복음 전체를 관통하는 시험이라는 주제와 너무나도 잘 어울리기 때문입니다. 누가복음 4장에서와 같이, 23장에서도 예수님은 세 차례 시험을 받으십니다. 23장에서의 시험은 주로 정체성에 대한 이의 제기로 시작됩니다("그가 하나님의 메시아라 면"[눅 23:35, NRSV], "네가 유대인의 왕이라면"[눅 23:37, 새번역], "너는 메시아가 아니냐?"[눅 23:39, NRSV]). 이제 정체성에 관한 이의 제기는 4장에 서처럼 예수님이 하나님의 아들이 맞는지 여부가 아니라, 예수님이 기름부음을 받은 자(메시아는 히브리어이고, 그리스도는 그리스어 이며 둘 모두 '기름부음 받은 자'라는 의미입니다 - 역주)인지 혹 유대인의 왕인지에 초점이 맞춰집니다. 하지만 근본적인 질문은 여전히 그대로 남아있습니다. 4장에서와 마찬가지로 예수님은 다른 이가 정해놓은 기준을 충족시켜 자신의 정체성을 증명하라는 강압에 맞닥뜨리고 있습니다.

누가복음 23장에서 예수님은—세 차례 각기 다른 시험을 받은 4장과는 대조적으로—세 차례에 걸쳐 표현된 한 가지 시험을 받으셨습니다. 곧 '하나님의 메시아'라는 증거를 대어 스스로를 구원하라는 시험을 받으신 것입니다. 이 부분이 바로 아이러니가 본격적으로 발현되는 곳입니다. 예수님께서 스스로를 구원하기를 거부하신 것은 바로 그분이 **메시아이기 때문입니다.** 예수님께서 스스로를 구원하기를 거부하신 까닭은 바로 우리를 구원하기 위함이었습니다. 4장에 나오는 마귀와 같이, 23장에 나오는 죄수 가운데 한 명, 군중, 그리고 병정은 모두, 메시아가 된다는 것이 무엇을 의미하는지 '알고 있었습니다'. 그들은 예수님이 만일 진짜 메시아라면 자기 자신을 구원함으로써 구원하는 능력을 증명할 것이라 생각했습니다. 하지만 예수님도, 누가도, 그리고 우리 모두도 실은 그와 정반대임을 압니다. 그들—군중, 병정, 죄수 가운데 한 명—의 기준에 예수님이 메시아가 아님을 입증하는 사안—십자가에서의 고난과 죽음—이, 사실은 그분이 정말로 메시아였음을 드러냅니다. 예수님께서 스스로를 구원하기를 거부하심으로 인해, 그들은 예수님의 구원 능력을 무시하고 얕잡아 봤지만, 사실 우리를 구원한 것은 바로 그 능력입니다.

예수님은 생애 마지막이자 가장 큰 시험 가운데, 자신이 누구이며, 무엇을 할 것인지에 대한 사람들의 환상을 충족시켜주라는 유혹 앞에 다시 한번 서게 되셨습니다. 군중과 병정과 죄수가 한 말을 달리 표현해보면 결국 다음과 같습니다. "우리가 생각하기에 당신이 해야 하는 일을 한다면, 우리도 당신을 믿을 것이다." 이 유혹은 예수님의 시대에 그랬던 것처럼 오늘날에도 울려 퍼지고 있습니다. 제자라면 어떤 사람이 되어야 하고 무슨 일을 해야 하는지, 또 교회라면 어떤 교회가 되어야 하고 무슨 일을 해야 하는지에 관해 말할 사람이 부족한 것이 아닙니다. 하지만 정말로 우리에게 주어진 과제는 '좋은 제자'라면, '좋은 교회'라면 항상 이런 저런 일을 해야한다고 소리지르는 떠들썩한 목소리들 속에서, '우리는 어떻게 우리의 부르심을 이루어 낼 것인가?' 라는 문제입니다. 종종 그 목소리들이 맞을 때도 있지만 사실 대부분의 경우엔 틀립니다. 십자가에서 예수님이 들으신 목소리처럼, 결국엔 '너희 자신을 구원하라'는 요구일 때가 더 많습니다.

이것은 모든 비판을 무시하라는 이야기가 아닙니다. 건전한 비판은 우리가 올바른 길을 분별하는 데 분명 도움을 줍니다. 다만 여러분의 부르심을 잘 알지도 못하는 사람들의 목소리에 흔들리지 말라는 것입니다. 예수님께서 마귀에게 시험받으신 이야기에서 반복적으로 나타나는 메시지는 곧 정체성과 자기 자신을 이해하는 것이 중요하다는 것이었습니다. 즉, 내가 누구인지, 하나님께서 나를 부르신 부르심이 무엇인지를 아는 것이 중요하다는 것입니다. 그 부르심에 충성하는 것이 무엇보다 중요합니다. 예수님의 입장에서는 온 세상의 구원이 바로 그것에 달려있었습니다. 우리의 경우 예수님만큼 심각한 상황은 아니지만 그럼에도 그것이 여전히 중요한 문제임을 기억해야 합니다.

묵상 22

누가복음 8:11-15 (새번역 참고)

¹¹ 그 비유의 뜻은 이러하다. 씨는 하나님의 말씀이다. ¹² 길가에 떨어진 것들은, 말씀을 듣기는 하였으나, 그 뒤에 마귀가 와서, 그들의 마음에서 말씀을 빼앗아 가므로, 믿지 못하고 구원을 받지 못하게 되는 사람들이다. ¹³ 바위 위에 떨어진 것들은, 들을 때에는 그 말씀을 기쁘게 받아들이지만, 뿌리가 없으므로 잠시 동안 믿다가, 시련의 때가 오면 떨어져 나가는 사람들이다. ¹⁴ 가시덤불에 떨어진 것들은, 말씀을 들었으나, 살아가는 동안에 근심과 재물과 인생의 향락에 사로잡혀서, 열매를 맺는 데에 이르지 못하는 사람들이다. ¹⁵ 그리고 좋은 땅에 떨어진 것들은, 바르고 착한 마음으로 말씀을 듣고서, 그것을 굳게 간직하여 견디는 가운데 열매를 맺는 사람들이다.

무엇이든 길러보려고 애써본 사람은 씨 뿌리는 자의 비유에 더욱 공감하게 됩니다. 우리가 꽃이나 약초, 채소나 과일을 직접 길러봤든 아니든, 식물들이 자라는 (혹 자라지 않는) 현상은 1

세기 때나 지금이나 여전히 신기하게 느껴집니다. 식물이 자라는 것을 이 비유에 나오는 것처럼 단순하게 이해한다면, 좋은 땅은 곧 잘 자라는 것을 의미할 것입니다. 사실 길가, 바위 위, 가시덤불에 씨를 뿌리면 잘 자라지 않으리라는 것은 거의 확실하지만, 그렇다고 좋은 땅에 씨를 뿌린다고 해서 또 반드시 잘 자랄 것이라는 보장은 사실 없습니다. 그래서 그런지 저는 종종 좋은 땅에 뿌려진 씨에도 잠재적인 위험이 있다는 이야기를 덧붙이고 싶은 마음이 듭니다. 좋은 땅에 떨어진 씨가 잘 자라다가도 밤에 달팽이가 와서, 가지만 남을 때까지 다 먹어치워 버릴 수도 있을 것입니다. 혹 때늦은 서리로 인해 이제 막 자라기 시작한 부분들이 죽거나, 여름 내내 비가 와서 아무것도 무르익지 못할 수도 있을 거고요. 달팽이, 서리, 비가 오늘날의 무엇에 해당할지를 떠올려 보는 것은 분명 흥미로운 적용일 것 같습니다(저도 많은 아이디어가 있습니다).

하지만 누가의 요점은 이것이 아닙니다. 아니 이보다 훨씬 더 날카롭고 예리합니다. 이 본문을 광야에서 예수님이 시험 받으신 이야기를 배경으로 두고 읽어보면, 그 비유의 효과가 훨씬 더 크게 드러납니다. 마태복음, 마가복음, 누가복음 모두 마귀를 길 가에 뿌려진 씨를 먹는 새와 연결시키지만—마태복음 13:19에서는 '악한 자'로, 마가복음 4:15에서는 '사탄'으로

부릅니다—누가는 유일하게 바위 위에 떨어진 씨를 시험(test-ing, 개역개정에서는 시련 - 역주)과 연결합니다. 여기에서 사용된 시험이라는 단어는, 실제로 예수님께서 마귀에게 시험받으실 때 사용된 단어와 동일한 단어입니다.

이렇게 씨 뿌리는 자의 비유는 곧 시험의 비유임이 밝혀졌습니다. 우리가 이전에 세 본문에서 살펴본 것과 같이, 예수님은 일생 동안 시험을 받으셨습니다. 그리고 누가복음은 예수님의 제자들도 그와 같이 시험을 받게 될 것이라고 은근히 드러내고 있습니다. 따라서 우리는 마귀가 예수님을 시험한 것처럼, 우리를 향해서도 강요하고 도발하고 시험할 수 있다는 사실을 염두에 두어야 합니다. 만약 조금의 틈만 있었어도, 마귀는 재빠르게 급습하여 광야에서 하나님의 아들이신 예수님을 삼켜버렸을 것입니다. 이는 바꾸어 말하면 마귀가 조금의 틈도 보지 못했다는 말이기도 합니다. 예수님은 좋은 땅만이 남아 있도록 움직이셨습니다.

누가 버전의 씨 뿌리는 자의 비유에서 특히 흥미로운 점은, 누가는 시험이라는 행위 그 자체를 바위 위에 뿌려진 씨가 자라지 못하게 막는 그 무엇으로 봤다는 것입니다. 즉, 누가는 시험이 일으킬 수 있는 문제와 난관을 과소평가하지 않았습니다. 예수님—우리가 따르는 분—도 시험을 받으셨습니다. 물론 예수님은 자신의 정체성에 있어서 흔들리지 않는 확고함을 보여주셨습니다. 하지만 우리 대다수는 시험이 주어지는 것만으로도 시들어 말라 버릴 수 있습니다. 예수님은 시험이 실제로는 무언가를 무너뜨리는 것이 아니라, 무언가를 명료하게 하는 것임을 보여주는 본보기로서 우리 앞에 서 계십니다. 실제로 우리는 예수님이 시험받으시기 전보다 받으신 후에 그분이 누구이신지를 더욱 잘 알게 되었습니다. 이처럼 시험이 항상 파괴적이기만 한 것은 아닙니다. 하지만 (우리를 무너뜨릴 만큼) 파괴적일 때도 분명 있습니다. 오만하고 어리석은 사람들이나, 시험받는 것을 우습게 생각하겠죠.

누가의 씨 뿌리는 자의 비유는 냉철한 시선으로 시험이라는 도전을 바라봅니다. 그리고 시험을 통하여 우리 자신에 대한 이해—우리가 정말로 누구이며 누구로 부르심을 받았는지, 그리고 무엇을 하라고 부르심을 받았는지—가 흔들린다면, 어떤 일이 벌어지는지를 보여줍니다. 이처럼 누가는 시험과 시험의 결과에 대한 큼지막한 경고 표시를 설치해 놓았습니다. 우리는 그것을 보고 마땅히 주의를 기울여야 합니다.

묵상 23

누가복음 22:28 (개역개정)

²⁸ 너희는 나의 모든 시험 중에 항상 나와 함께 한 자들인즉

누가복음 11:4 (개역개정)

⁴ 우리가 우리에게 죄 지은 모든 사람을 용서하오니 우리 죄도

사하여 주시옵고 우리를 시험에 들게 하지 마시옵소서 하라

누가복음 22:40 (개역개정 참고)

⁴⁰ 그 곳에 이르러 그들에게 이르시되 시험의 때(time of trial)에

빠지지 않게 기도하라 하시고

우리는 시험이라는 주제가 누가복음 전체에 걸쳐서 어떻게 연결되고 있는지 살펴보고 있습니다. 누가의 이야기—특히, 예수님의 생애 마지막에 대한 이야기—에서 시험이라는 주제가 얼마나 중요한지 확인하고 싶다면, 예수님께서 당신의 제자들이 모든 시험 가운데 자신과 함께 했다고 말씀하신 부

분을 보면 됩니다. 이때 시험을 가리키는 데 사용된 단어가 페이라스모스(*peirasmos*)입니다. 이 단어는 광야에서 마귀가 예수님을 시험할 때 사용된 단어이며, 우리가 매번 주기도문(주님이 가르쳐 주신 기도)으로 기도할 때마다 보게 되는 단어입니다. 최후의 만찬 자리에서, 예수님은 ("너희는 나의 모든 시험 중에 항상 나와 함께 한 자들인즉"[눅 22:28]이라고 말씀하시며) 공생애 기간 동안 '시험'이라 불릴 만한 일들 가운데 자신과 함께 있었던 제자들을 추켜세우셨습니다.

우리 모두가 알다시피, '진짜 시험'이 오게 되면, 제자들을 그 어디에서도 찾아볼 수 없게 되기 때문에 예수님은 지금 이 시점에서 제자들을 향해 그러한 말씀을 하신 것입니다. 이후 최후의 만찬을 마치고 겟세마네 동산에 이르렀을 때, 예수님은 그 시험의 어려움을 아시고, 제자들에게 시험의 때에 빠지지 않도록 기도하라고 말씀하십니다. 하지만 예수님이 가장 크고 어려운 '시험'을 목전에 두고 기도하시는 동안, 제자들은 잠에 빠져 기도하지 못했습니다. 만약 제자들이 기도했다면 어떤 차이가 있었을지 따져보는 것이 그렇게 큰 의미는 없을 것입니다. 일이 진행되는 흐름이 이미 넘어갔고, 예수님의 죽음은 사실상 피할 수 없었기 때문입니다. 어쨌든 제자들은 시험의 때로부터 벗어나게 해달라고 기도하지 않았습니다. 그들은 기도하는 대신 잠을 잤습니다. 그렇기에 이후 시험이 찾아왔을 때 그들이 완전히 실패한 것은 그다지 놀라운 일이 아닙니다. 그들은 모두 도망쳤습니다. 특히 베드로의 경우엔 예수님을 세 차례나 부인하기도 했습니다.

이러한 누가복음의 맥락에 따라, 우리는 '시험의 때에 빠지지 않도록(NRSV)—혹 더 문자적으로 읽으면, 시험에 빠지지 않도록—기도해야 한다'는 예수님의 명령을 더 깊이 더 오랜 시간 생각해봐야 합니다. 동일한 표현이 마태 버전의 주기도문(주님이 가르쳐 주신 기도)에도 나타납니다. 하지만 거기서의 표현이 훨씬 더 의미심장한데요. 마태복음은 우리가 시험에 빠지지 않도록, '악(한 자)'으로부터 구해지도록 기도해야 한다고 말합니다(마 6:13). 예수님께서 우리에게 그와 같이 기도하라고 말씀하신 이유는, 시험 앞에서 굳건히 서서 부르심에 충성하는 것이 얼마나 어려운 일인지를 알고 계셨기 때문입니다. 물론 우리에게 훨씬 더 좋은 상황은 시험이 그냥 지나가서, 그렇게 할 필요도 없는 상황이겠지만요.

그러나 현실적으로는 우리가 아무리 열심히 기도한다고 하더라도, 예수님에게 그랬던 것과 마찬가지로 우리에게도 시험이 찾아올 것입니다. 시험의 때—우리가 정말로 누구인지를 두고 시험을 받는 때—를 완전히 피할 수는 없습니다. 예수님도 이것을 아셨습니다. 제 생각에 우리가 시험에 빠지지 않도록 기도하라고 예수님께서 명령하신 것은, 우리가 시험을 완전히 피할 수 없다는 현실적인 판단임과 동시에, 그러한 시험의 시간이 우리에게 요구하는 것을 준비시키기 위한 의도로 보입니다. 우리가 완전히 준비가 되지 않은 상태에서 불시에 시험을 당하게 되면—겟세마네 동산에서의 제자들과 같이—우리가 준비된 상태에 있을 때보다 굳건히 버티고 서기가 훨씬 더 어렵기 때문입니다. 주기도문은—우리가 깨어있는 마음으로 기도하기만 한다면—우리에게 시험의 위험성 그리고 아무리 마음가짐을 잘 갖춘다고 해도 우리가 시험 앞에서 얼마나 무너지기가 쉬운지를 일깨워줍니다. 더불어 하나님께서 우리를 부르신 모습의 사람이 되는 것과, 그에 수반되는 행동에 충실하는 것이 얼마나 어려운지를 일깨워줍니다.

이와 동시에 우리는 예수님을 따르는 것이지, 우리가 예수님이 아님을 기억할 필요가 있습니다. 예수님은 마귀에게 시험받으실 때뿐만 아니라 공생애 내내—심지어 예수님은 십자가에서도 자신이 누구로 부르심을 받았는지, 무엇을 하기 위해 부르심을 받았는지 알고 계셨습니다—부르심에 충성하며 굳건히 서 계셨습니다. 물론 우리는 우리가 할 수 있는 한 최선을 다해 예수님과 닮으려고 노력해야 합니다. 하지만 그럼에도 우리 역시 제자들처럼 때로는 잠이 들고 때로는 도망치며, 또 때로는 예수님을 부인하게 되는 일을 피할 수 없을 것입니다. (이것을 잘 아는) 누가는 우리를 일으켜 세워 먼지를 털어내고 우리에게 용서받음에 대해 가르쳐 줍니다. 제자들도 용서를 받았습니다. 따라서 우리 역시 용서를 받을 것입니다. 물론 시험은 가급적 피하는 것이 좋습니다. 하지만 피할 수 없다면 시험 앞에서도 굳건히 서서 충성하려고 노력해야 할 것입니다. 그렇지만 실패해도 괜찮습니다. 실패해도 용서를 받을 수 있습니다. 사실 이것이 바로 복음의 핵심입니다.

시험은 우리 삶의 일부입니다. 그것은 예수님에게도 마찬가지였습니다. 시험에 대한 누가의 이야기는, 시험이 다양한 시기에, 다양한 모습으로 일어날 수 있음을 보여줍니다. 시험은 '마귀의 시험'이라고 명확하게 쓰인 송장과 함께 오는 택배물이 아닙니다. 물론 때로는 시험이 아주 명확하게 드러날 때도 있지만, 대개는 시험(의 본질)을 분별하고, 또 어떻게 대응해야 하는지 고심해야 합니다. 위험한 유형의 시험은 그 본질상 우리를 무너뜨리려 하고, 하나님께서 우리에게 원하시는 모습을 갖추지 못하게 하며, 또한 우리가 그런 모습의 사람이 될 수 있는지조차 의심하게 만듭니다.

마음을 다잡고 "우리를 시험에 들게 하지 마옵소서"라고 기도하는 일은, 시험받는 것에 걸맞는 두려움—시험은 우리가 할 수 있는 것보다 더 많은 것을 요구한다는 사실을 인정하도록 다그치는 두려움—을 가르쳐 줍니다. 그때에는 제자들을 떠올리고 또 변화를 일으키는 용서(받음)의 힘을 기억할 필요가 있습니다. 우리가 주기도문으로 아무리 열심히 기도한다고 하더라도 시험은 오기 마련입니다. 또 모든 노력을 기울였음에도 불구하고 도저히 버티고 설 수 없을 때도 있습니다. 하지만 그것은 예수님의 첫 제자들도 마찬가지였습니다. 그럼에도 결국 그들이 하나님을 위한 큰 일을 해냈음을 우리는 기억해야 합니다.

5장 나를 따르라
제자도로 부르심

마태복음과 마가복음에서 예수님이 마귀에게 시험을 받으신 후 가장 먼저 한 일은, 시몬과 안드레, 야고보와 요한을 불러 자신을 따르게 하신 일이었습니다. 누가복음에서는 먼저 가버나움 회당에서 설교를 하셨고 이후에 시몬, 야고보, 요한을 불러 자신을 따르게 하셨습니다. 예수님의 사역에 있어서 본질에 해당하는 부분은 바로 제자들을 부르고 그들을 가르치는 선생이 되시는 것이었습니다. 사실 제자들이 예수님의 사역에 있어 본질적인 부분이었다고 말하는 것이 그렇게 지나친 이야기는 아닐 것입니다. 실제로 복음서 이야기를 보면, 예수님의 사역이 제자들 없이 이루어진 경우는 거의 없다고 말할 수 있습니다. 마태복음과 마가복음을 보면, 예수님은 광야를 떠나 갈릴리로 가셔서 하나님 나라에 대하여 선포하십니다.

그러고 나서 곧바로 제자들을 부르기 시작하십니다.

제자들을 향한 예수님의 부르심은 언제나 '나를 따르라'는 초대의 형태를 띠었습니다. 예수님을 따르는 것이 제자가 되는 첫 걸음이었습니다. 그것은 또한 제자들이 예수님으로부터 배우는 방식이기도 했습니다. 그렇게 제자들은 예수님을 따라 외부로 시선을 돌리고 사람을 낚는 법을 배웠습니다. 예수님을 따르는 것은 곧 그분과 함께하는 중대한 모험 속으로, 그분으로부터 모든 것을 배우는 모험 속으로 들어가는 일입니다.

이번 장에서 처음 몇몇 묵상들은 시몬 베드로, 안드레, 야고보, 요한의 부르심을 중심으로 전개될 것입니다. 본격적으로 살펴보기에 앞서 먼저 관련된 마태복음과 누가복음 본문 전체를 읽는 것이 좋을 것 같습니다.

마태복음 4:17-23 (새번역 참고)

[17] 그 때부터 예수께서는 회개하여라. 하늘 나라가 가까이 왔다 하고 선포하기 시작하셨다. [18] 예수께서 갈릴리 바닷가를 걸어 가시다가, 두 형제, 베드로라는 시몬과 그와 형제간인 안드레가 그물을 던지고 있는 것을 보셨다. 그들은 어부였다. [19] 예수께서 그들에게 말씀하셨다. 나를 따라오너라. 나는 너희를 사람을 낚는 어부로 삼겠다. [20] 그들은 곧 그물을 버리고 예수를

따라갔다. ²¹ 거기에서 조금 더 가시다가, 예수께서 다른 두 형제 곧 세베대의 아들 야고보와 그의 형제 요한을 보셨다. 그들은 아버지 세베대와 함께 배에서 그물을 깁고 있었다. 예수께서 그들을 부르셨다. ²² 그들은 곧 배와 자기들의 아버지를 놓아두고, 예수를 따라갔다. ²³ 예수께서 온 갈릴리를 두루 다니시면서, 그들의 회당에서 가르치며, 하늘 나라의 복음을 선포하며, 백성 가운데서 모든 질병과 아픔을 고쳐 주셨다.

누가복음 5:1-11 (새번역)

¹ 예수께서 게네사렛 호숫가에 서 계셨다. 그 때에 무리가 예수께 밀려와 하나님의 말씀을 들었다. ² 예수께서 보시니, 배 두 척이 호숫가에 대어 있고, 어부들은 배에서 내려서, 그물을 씻고 있었다. ³ 예수께서 그 배 가운데 하나인 시몬의 배에 올라서, 그에게 배를 뭍에서 조금 떼어 놓으라고 하신 다음에, 배에 앉으시어 무리를 가르치셨다. ⁴ 예수께서 말씀을 그치시고, 시몬에게 말씀하셨다. 깊은 데로 나가, 그물을 내려서, 고기를 잡아라. ⁵ 시몬이 대답하였다. 선생님, 우리가 밤새도록 애를 썼으나, 아무것도 잡지 못했습니다. 그러나 선생님의 말씀을 따라 그물을 내리겠습니다. ⁶ 그런 다음에, 그대로 하니, 많은 고기 떼가 걸려들어서, 그물이 찢어질 지경이었다. ⁷ 그래서 그들은

다른 배에 있는 동료들에게 손짓하여, 와서 자기들을 도와달라고 하였다. 그들이 와서, 고기를 두 배에 가득히 채우니, 배가 가라앉을 지경이 되었다. ⁸ 시몬 베드로가 이것을 보고, 예수의 무릎 앞에 엎드려서 말하였다. 주님, 나에게서 떠나 주십시오. 나는 죄인입니다. ⁹ 베드로 및 그와 함께 있는 모든 사람은, 그들이 잡은 고기가 엄청나게 많은 것에 놀랐던 것이다. ¹⁰ 또한 세베대의 아들들로서 시몬의 동료인 야고보와 요한도 놀랐다. 예수께서 시몬에게 말씀하셨다. 두려워하지 말아라. 이제부터 너는 사람을 낚을 것이다. ¹¹ 그들은 배를 뭍에 댄 뒤에, 모든 것을 버려 두고 예수를 따라갔다.

묵상 24

마태복음 4:19-22 (새번역 참고)

¹⁹ 예수께서 그들에게 말씀하셨다. 나를 따라오너라. 나는 너희를 사람을 낚는 어부로 삼겠다. ²⁰ 그들은 곧 그물을 버리고 예수를 따라갔다. ²¹ 거기에서 조금 더 가시다가, 예수께서 다른 두 형제 곧 세베대의 아들 야고보와 그의 형제 요한을 보셨다.

그들은 아버지 세베대와 함께 배에서 그물을 깁고 있었다. 예수께서 그들을 부르셨다. [22] 그들은 곧 배와 자기들의 아버지를 놓아두고, 예수를 따라갔다.

선생은 언제나 재능이 있는 학생들을 알아보고 그들이 더 많이 배울 수 있게 격려합니다. 저 역시 그랬는데요. 오랫동안 학생들을 가르치는 과정에서, 더 많은 것을 즐겁게 배우는 능력을 가진 학생들이 있다는 것을 알게 되었습니다. 많은 선생들이 '어떻게 하면 그런 학생들에게 다가가 다음 단계로 넘어가게 만들 수 있을까?' 고민합니다. 랍비들도 이와 다르지 않았습니다. 후대 유대 문헌들은 랍비들이 명석하고 재능 있는 학생들(혹은 탈미딤[*talmidim*])을 알아보고 자신들과 함께 배우도록 초대한 방식에 관해 이야기합니다.

이것이 바로 위 본문에서 예수님이 하고 계신 일이라고 할 수 있습니다. 하지만 분명 차이점도 있습니다. 랍비와 제자의 관계는 보통 랍비가 유대 율법을 공부하려는 사람의 재능을 알아보고 집을 떠나게 만들어 자신과 함께 여행을 다니게 하는 것으로 이루어졌습니다. 이를 통해 제자는 랍비가 율법을 이해한 방식과, 그 방식이 그의 세계관에 미친 영향을 배웠습니다. 일반적으로 제자들은 이미 더 크고 새로운 도전들을 추구하고 있었던 학생들이었습니다. 그들은 대개 명석한 학생들이었고 또 장차 크게 될 학생들이었습니다. 그들은 자신들이 배울 랍비를 선택할 수 있었을 것입니다. 그래서 제자가 된다는 것은 대개 그들의 계획의 일부였고, 또한 앞서 그들이 선택한 삶과도 잘 맞아 떨어졌습니다.

(이러한 배경과는 달리) 부르심에 관한 우리의 본문에서 눈에 띄는 특징은, 시몬 베드로, 안드레, 야고보, 요한이 (자신들이 배울 수 있는) 랍비를 찾고 있었다는 암시가 전혀 나타나지 않는다는 것입니다. 그들은 생업인 낚시를 하고 있었습니다. 일상 가운데 그들의 일을 하고 있었죠. 베드로와 안드레, 야고보와 요한은 남은 평생 동안에도 그 일을 계속할 것이라 생각했을 것입니다. 그러므로 제자로 부르신 예수님의 초대는 그들의 삶을 송두리째 뒤바꾸어 놓았을 것입니다. 실제로 베드로와 안드레와 야고보와 요한의 경우 예수님을 따르려고 할 때, 그들의 삶과 생계와 가족과 모든 기대를 뒤로 하고 떠났습니다.[1]

---

1 이 이야기에서 느껴지는 '모든 것을 버려 두고 떠난다'는 인상이, 이후에 나오는 이야기 - 이를테면, 시몬 베드로의 장모가 치유되는 이야기, 혹은 제자들이 가지고 있었던 배를 쉽게 다시 사용하는 이야기 - 를 통해 다소 완화된다는 점도 눈여겨 볼 가치가 있습니다. 하지만 그럼에도 불구하고, 예수님을 따른다는 것은 분명 그들이 본래 예상했던 삶의 행로를 뒤바꾸었을 것입니다.

저는 종종 '지금 제가 있는 곳에 어떻게 도달했느냐?'는 질문을 받곤 합니다. 그러한 질문에는 대개 8살 정도 되는 어린 나이에 가만히 앉아서, 앞으로 엄격하게 따르며 살아갈 인생 계획을 세웠냐는 식의 사고 방식이 내재되어 있습니다. 하지만 현실은 이와 사뭇 다릅니다. 지금까지 저는 예수님의 부르심에 제 삶을 열어두고 살려고 노력해왔습니다. 이렇게 이야기하면 마치 그 부르심이 언제나 확실했던 것처럼—마치 예수님께서 시몬 베드로를 부르신 것처럼—쉽게 이야기하는 것 같이 들릴지도 모르겠습니다. 하지만 그렇지 않습니다. 또 이렇게 이야기하면 마치 제가 스스로 성공만을 거두었다고 생각하는 것처럼 들릴지도 모르겠습니다. 하지만 그렇지 않습니다. 저 역시 안개가 드리워져 어디로 나아가야 할지 전혀 알수 없는 시간을 오랫동안 보냈습니다. 정말로 불안정하고 불확실하고 희미한 시간이었습니다. 하지만 결국에는 안개가 걷혔고 조금씩 조금씩 다음 단계가 보였습니다. 그리고 그렇게한 걸음 한 걸음 따라가다보니 제가 전혀 계획하지 않았던 곳으로 가게 되었습니다. 지금도 종종 멍하니 제 삶을 되돌아보곤 합니다. 또 완전히 백지인 상태에서 앞으로의 삶을 내다보기도 합니다. 저 역시 지금 제가 선 곳에 오려고 계획한 적이 없었습니다. 그러니 제가 5년, 10년, 15년 후에 어디에 서 있게 될지도 알 수 없습니다. 계획이라는 것이 없습니다. 조금 불확실하게 들릴 수도 있지만, 제 유일한 계획은 할 수 있는 대로 최선을 다해 부르심에 충성하며 사는 것입니다.

저는 첫 제자들이 모든 것을 버려두고 그저 "나를 따르라"고 말한 분을 따라 나선 느낌이 어땠을지 궁금합니다. 손에 쥔 그물을 버릴 때 자신들이 얼마나 무모한 일을 벌이고 있는 것인지 알았을까요? 이후에 자신들이 세계 곳곳을 다니며, 만나는 모든 사람들에게 하나님 나라를 선포하게 될 것을 알았을까요? 첫 제자들이 예수님을 과감하게 따랐다는 사실은 곧 (그들은) 자신들의 결단이 무엇을 의미하는지 전혀 알지 못했다는 것을 시사합니다. 그들은 오늘날 우리가 하고 있는 일을 앞서 했습니다. 곧 예수님이 부르셨을 때, 그들은 따랐습니다. 사실 예수님을 따른다는 것은 전혀 말이 안 되는 일이기도 하고, 동시에 가장 말이 되는 일이기도 합니다. 예수님을 따르는 것은 삶의 계획을 찢어버리고 바람에 날려버리는 것과 같습니다. 예수님을 따르는 것은 삶의 모든 것—때로는 일부분—을 바꿀 수 있는 일입니다. 그리고 예수님을 따르는 것은 삶을 가장 거대한 모험으로 이끄는 일입니다. 물론 그것은 어렵고 불확실하며 모호하고 불안한 일입니다. 하지만 그와 동시에 당신이 할 수 있는 가장 만족스러운 일이기도 합니다.

묵상 25

마태복음 4:19 (새번역 참고)

¹⁹ 예수께서 그들에게 말씀하셨다. 나를 따라오너라. 나는 너희
가 사람을 낚게 하겠다

저는 여러분이 '배움(학습)'이라는 단어를 들으면 어떤 생각
이 떠오르는지 궁금합니다. 21세기에 사는 우리는 효율적이고
방대한 교육 체계라는 축복을 받았습니다. 우리 대부분은 십
수 년 동안—어떤 이들의 경우 그보다 더 오랜 시간 동안—학
습을 받고 배웠습니다. 저는 오늘날의 교육 체계에서 큰 혜택
을 누린 사람이기에 그것에 대해 깊이 감사하는 마음을 갖고
있습니다. 하지만 그 교육 체계가 가진 작은 문제점 중 하나는,
공식적으로 가르쳐진 '배움'만이 배움이라고 생각하게 만든다
는 점입니다. 이러한 영향을 받아서 우리 역시 복음서들을 볼
때, 예수님께서 말씀하시는 부분만을 찾아서 그것만이 '예수
님의 가르침'이라고 생각하곤 합니다. 곧 그 맥락에서만 배움
이 일어났다고 보는 것입니다.

하지만 사실 제자들은 아주 다양한 방식으로 배웠습니다. 물론 제자들이 예수님께서 말씀하시는 것을 통해 배운 것은 사실입니다. 하지만 그러한 방식으로만 배운 것은 아니었습니다. 제자들은 또한 예수님을 따름으로써, 예수님께 이런저런 질문들을 던짐으로써, 예수님께서 행하신 일을 살펴봄으로써, 예수님께서 사람들과 교류하는 모습을 지켜봄으로써, 그리고 틀렸어도 다시 질문함으로써 배우기도 했습니다. 이렇듯 제자들은 아주 다양한 방식으로 예수님으로부터 배웠습니다. 앉아서 예수님의 '가르침'을 듣는 것은 다양한 학습 방식 중 하나에 불과했습니다.

이러한 맥락에서 볼 때, 예수님께서 시몬 베드로와 안드레에게 하신 말씀은 상당히 인상적입니다. 예수님께서는 "나를 따르라, 그러면 내가 어떻게 나를 본받을 수 있는지 가르쳐 주겠다"라거나, "나를 따르라, 그러면 너희가 알아야 할 모든 것을 가르쳐 주겠다", 혹은 "나를 따르라, 그러면 여호와의 길 위에서 너희의 행보가 변화될 것이다"라고 말씀하시지 않았습니다. 사실 예수님께서는 우리가 기대하는 내용의 말씀을 전혀 하시지 않았습니다. 예수님께서 말씀하신 것은 상당히 도발적이고 또 흥미로운 내용이었습니다.

"나는 너희가 사람을 낚게 하겠다"(NRSV, I will make you fish for

people)라는 예수님의 선언을, KJV(성경)―그리고 그 뒤에 나온 RSV, ESV, NAS―은 훨씬 더 유쾌한 말재간으로 풀어냅니다. 곧 예수님께서 어부들에게 "나는 너희를 사람(men)을 낚는 어부로 삼겠다"(KJV, RSV, ESV, NAS, I will make you fishers of men)라고 말씀하십니다. 문제는 21세기 영어에서는 마치 시몬 베드로와 안드레가 오로지 남성 제자들만을 찾으러 다니게 될 것처럼 들린다는 점입니다. 예수님의 사역 전체가 보여준 모습과는 다르게 말이죠. 그런 말재간을 없애는 것이 아쉬울 수도 있지만, 사실 그 말재간은 영어(번역)에서만 나타날 뿐이고, 실제 그리스어 원문에서는 나타나지 않습니다. 참고로 그리스어로 기록된 것을 문자 그대로 번역해보면 "나는 너희를 사람들(people)의 어부로 삼겠다"가 됩니다.

그렇다면 예수님의 부르심은 곧 배움―"너희가 사람을 낚게 하겠다"라는 말씀은 교육과 훈련의 수준을 암시합니다―으로의 부르심입니다. 이 배움은 실제적이고 유효한 결과를 동반하는 배움입니다. 여기서 '사람을 낚는다'라는 말이 정확히 어떤 의미인지 의문이 생기는데요. 예레미야 16:16은 어부들(그리고 사냥꾼들)을 보내 죄인들을 잡아 심판을 받게 하는 이야기를 전하고 있습니다(이러한 이미지는 아모스 4:2과 하박국 1:14-17에서도 사용됩니다). '낚는다'는 이미지는 또한 마태복음 13:47-50에서도 심판과 연결됩니다. 거기서 물고기는 좋은 것과 나쁜 것으로 구분됩니다. 대중적인 맥락에서 영어 단어 judge(심판하다)는 그 판결이 부정적인 판결이 될 것을 암시하는 데 사용됩니다. 하지만 신약성경 안에서는 꼭 그렇게만 사용되지 않습니다. 즉, 신약성경 안에서는 심판이 반드시 나쁜 것만은 아닙니다. 마태복음 13장의 비유를 통해서도 알 수 있듯이 그럴 때도 있지만, 그렇지 않을 때도 있습니다. 그렇다면 '결정'(decision)이라는 단어를 사용하는 것이 어쩌면 더 나을 수도 있습니다. 제자들은 사람들을 결정의 순간으로 데려가야 합니다. 그때에 비로소 그들이 정말로 누구인지가 드러나게 될 것입니다.

따라서 제자도를 배우는 것이 참된 배움이라고 할 수 있습니다. 이 배움은 행동하고 실천하기 위한 배움입니다. 흔히 배움을 그저 우리 자신의 유익을 위한 것으로, 혹 우리를 더 나은 사람으로 만들기 위한 것으로 여기기가 쉬운데요. 하지만 예수님께서 이것을 위해 시몬 베드로와 안드레를 부르신 것이 아니었습니다. 예수님께서는 그들이 하나님 나라를 위한 행동을 취하고 회개와 죄의 용서를 선포하는 일에 동참하도록, 그리고 사람들을 중대한 결정의 순간으로 인도하도록 그들을 부르셨습니다. 우리는 우리 자신을 위해서가 아니라 하나님 나라를 위해서 제자로 부르심을 받았습니다. 우리는 사람들을 낡으면서, 우리 자신과 하나님, 하나님께서 만드신 세계와 하나님 나라에 대하여 풍성하게 배우게 됩니다. 우리는 제자로서 예수님을 따릅니다. 우리는 예수님을 따르면서 배우고 또 배웁니다.

묵상 26

누가복음 5:1-3, 7 (새번역)

¹ 예수께서 게네사렛 호숫가에 서 계셨다. 그 때에 무리가 예수께 밀려와 하나님의 말씀을 들었다. ² 예수께서 보시니, 배 두 척이 호숫가에 대어 있고, 어부들은 배에서 내려서, 그물을 씻고 있었다. ³ 예수께서 그 배 가운데 하나인 시몬의 배에 올라서 … ⁷ 그래서 그들은 다른 배에 있는 동료들에게 손짓하여, 와서 자기들을 도와달라고 하였다 …

마가복음 1:20 (새번역)

²⁰ 곧바로 그들을 부르셨다. 그들은 아버지 세베대를 일꾼들과 함께 배에 남겨 두고, 곧 예수를 따라갔다.

요한복음 12:20-22 (새번역)

²⁰ 명절에 예배하러 올라온 사람들 가운데 그리스 사람이 몇 있었는데, ²¹ 그들은 갈릴리 벳새다 출신 빌립에게로 가서 청하였다. 선생님, 우리가 예수를 뵙고 싶습니다. ²² 빌립은 안드레에게로 가서 말하고, 안드레와 빌립은 예수께 그 말을 전하였다.

여러분은 제가 여기서 어떠한 기준으로 이 성경 본문들을 모았는지 궁금할 텐데요. 제자들, 특히 처음 네 명의 제자들이 가난하고 무지하며 교육을 받지 못한 어부였다는 가정을 정면으로 반박하고 싶었습니다. 그 제자들이 무지하고 교육을 거의 받지 못한 노동자들이었다는 이야기가 여기저기서 언급되며 정설처럼 받아들여지고 있는데요. 특히 베드로는 자주 '무지한 어부'처럼 여겨집니다. 하지만 그가 정말 무지한 어부였다면, 그렇게 그리스어를 능숙하게 쓰지 못했을 것입니다.[2]

그럼에도 나름의 근거를 살펴보자면, 백성의 지도자들이 베드로와 요한을 보고 생각한 표현을 담은 사도행전 4:13—

---

2 시몬 베드로, 안드레, 야고보의 사회적 지위를 더욱 자세히 살펴보고 싶다면 다음의 탁월한 연구를 보세요. Jerome Murphy O'Connor 'Fishers of fish, fishers of men' *Bible Review* 15/3 (1999), pp. 22-7, 48-9.

"그들은 베드로와 요한이 본래 배운 것이 없는 평범한 사람들인 줄 알았는데, 이렇게 담대하게 말하는 것을 보고 놀랐다"—이 있습니다. 이러한 인식은 베드로와 요한에 대한 묘사를 "배우지 못하고 무지한 자들"이라고 번역한 KJV로 인하여 더욱 확고해졌습니다. 하지만 '무지한'으로 번역된 단어는 본래 '평범한' 혹은 '비범하지 않은'이라는 의미이며, '배우지 못한'이라는 단어의 경우 문맥을 따져보면 아마도 율법의 세부 사항에 대해서는 훈련 받지 못한 상태를 가리키는 것으로 보입니다. 요컨대, 백성의 지도자들은 이 갈릴리의 사업가에 대한 편견을 가지고 있었습니다. 그들은 베드로와 요한이 예루살렘에서 훈련 받은 토라 전문가들이 아니라고 봤기 때문에, 그들의 말에서 드러난 지혜와 담대함에 놀란 것입니다. 안타깝게도 기독교의 오랜 전통은 이 편견을 거부하지 않고 곧이 곧대로 받아들였습니다. 그 결과 지난 2,000여 년의 시간 동안 그 편견이 점점 더 퍼져나갔습니다.

복음서들로부터 발견되는 증거에 따르면 시몬 베드로, 안드레, 야고보, 요한은 '가난하고, 무지한 사업가'와는 거리가 멉니다. 물고기를 잡는 것은 예수님 시대에 상당히 큰 사업이었고, 그 수요가 공급을 훌쩍 넘었기 때문에, 심지어 로마에서는 자주 물고기가 소고기보다 더 비싸게 팔렸다고 합니다. 우리는 또한 누가복음 5:7-10을 통해 베드로와 안드레의 가족이, 야고보, 요한과 동료 관계였음을 알 수 있습니다. 그리고 마가복음 1:20을 통해 세배대의 가족에게는 (고용된) 일꾼들이 있었다는 것을 알 수 있습니다. 더욱이 일반적으로 가버나움에 있는 시몬 베드로의 집으로 여겨지는 고고학적 유적은, 그 집이 그 마을 안에 있는 대부분의 집들보다 훨씬 더 크다는 것을 드러냈습니다.

마지막으로 흥미진진한 세부 사항은 요한복음에 나옵니다. 요한복음 12장을 보면, 예수님을 만나고 싶어하는 그리스인(헬라인)들이 빌립을 찾아와 (예수님을 만나보고 싶다고) 이야기하는 장면이 나오는데, 빌립은 예수님께 가기 전에 안드레를 만나러 갑니다. 이것이 암시하는 바는 곧 안드레 또한 그리스어를 말하는 사람이었을 것이라는 점입니다. 아마도 갈릴리에서 더 효율적으로 물고기를 거래하기 위해서 그리스어를 배웠을 수 있습니다. 우리가 베드로, 안드레, 야고보, 요한을 향해 갖고 있는 고정관념이 어떤 식으로든 맞다고 볼 수 있는 단서는 사실상 거의 없습니다. 오히려 그들은 아람어와 그리스어 모두를 말할 수 있는 아주 성공적인 사업의 소유주들이었을 가능성이 훨씬 더 높습니다.

그렇다고 이러한 점이 예수님께서 세상의 작고 연약한 자들을 위해 오셨다는 사실을 훼손시키는 것은 아닙니다. 복음서 전반에 걸쳐 수많은 이야기들이 이를 증언합니다. 단지 저는 '평범한' 사람들은 '무식하고 무지하다'는 흔한 전제에 이의를 제기하려는 것입니다. 과거에나 지금이나 평범한 사람들은 경험이 풍부합니다. 어떤 이들은 기술이 있고, 또 어떤 이들은 기술이 없을 뿐입니다. 어떤 이들은 생계를 유지하며 간신히 살아가고, 또 어떤 이들은 성공적으로 사업을 이끌었을 뿐입니다. 어떤 이들은 부유했고, 또 어떤 이들은 가난했을 뿐입니다. 그렇다면 하나님의 나라에서는 그 누구도 '무식하고 무지하다'고 여겨져서는 안 됩니다. 그곳에서는 모두가 사랑을 받고 또 모두가 기꺼이 받아들여집니다. 모두가 있는 모습 그대로, 그리고 각자가 가진 은사를 토대로 사랑받고 받아들여집니다. 기독교 전통이 베드로와 안드레, 야고보와 요한을 향해서조차 그토록 오랫동안 오해를 해왔다는 사실을 떠올려 볼 때, 오늘날 우리가 다른 사람들을 향해 가정하고 추측하는 것이 얼마나 위험한 일인지를 알 수 있습니다.

묵상 27

마태복음 9:9 (개역개정)

⁹ 예수께서 그 곳을 떠나 지나가시다가 마태라 하는 사람이 세
관에 앉아 있는 것을 보시고 이르시되 나를 따르라 하시니 일
어나 따르니라

  예수님을 따랐던 가장 초기의 사람들 중에 우리가 가장 잘
아는 다섯 사람은, 시몬 베드로와 안드레, 야고보와 요한, 그리
고 마태(혹은 레위)입니다.[3] 이들은 모두 예수님의 부름을 받기
전에 각자의 일에 종사하고 있었다고 알려져 있습니다. 시몬

---

3 마가복음 2:14, 누가복음 5:27에 있는 이야기는 마태복음 9:9에서 마
   태를 부른 이야기와 너무나도 흡사합니다. 그래서 학자들은 마태/레
   위가 실은 동일 인물이고 그저 두 가지 이름을 가졌던 것이라고 결론
   을 내렸습니다. 레위가 히브리어 이름이고 마태가 그리스어 이름이라
   는 주장 - 사울/바울과 조금 유사한 방식으로 - 은 그리스어 **마타이오
   스**(*Mattaios*)에 대한 히브리어가 **마티야**(*Mattiya*)이므로 말이 되지 않
   습니다. 그렇다면 그는 두 가지 히브리어 이름을 가지고 있었거나, 혹
   은 예수님에 의해 ('여호와의 선물'이라는 의미로) 마태라는 이름이
   주어진 것일 것입니다.

베드로, 안드레, 야고보, 요한이 아주 존경받던 사업가들이었다고 한다면, 마태는 그들과 정반대였습니다. 당대에 세리를 바라보는 일반적인 시선은 "세리(들)와 죄인들"(마 9:10)이라는 문구로 간단하게 설명됩니다. 정확히 죄인이 누구를 가리키는지에 대한 의문에 대해서 이런저런 논의가 있긴 했지만—'죄인'의 역할에 대한 설명이 딱히 없습니다—'죄인들'이 율법 혹은 성전과 관련된 문제로 인해 사회의 주변부로 영구적으로 밀려난 사람들이었다는 점에 대해서는 대부분 동의합니다. 이러한 '죄인들'이 세리들과 함께 인용된 것은, 세리들이 그들과 비슷한 위치였음을 시사합니다.

오늘날과 마찬가지로 그 당시에도 다양한 품목에 세금이 부과되었습니다. 토지 소유자에게는 수확세(harvest tax)가 부과되었고, 노예나 가축, 건축물을 소유한 이들에게는 재산세(property tax)가 부과되었습니다. 그리고 국경을 넘어 운송되는 물품에는 무역세(trade tax)가 부과되었습니다. 가버나움의 세관에 앉아 있던 마태는 분명 무역세를 징수했던 사람이었을 것입니다. 예수님 시대에 가버나움은 바쁘게 돌아가는 국제적인 상업 중심지였습니다. 남북 무역로와 동서 무역로 모두에 있어 중심을 차지했습니다. 헤롯 빌립이 다스리던 지역, 벳새다 인근에 있었던 가버나움은 갈릴리의 마지막 마을이었습니다.

따라서 그곳은 갈릴리와 이두래 사이를 오가는 물품에 세금을 부과하기 위한 세관이 있던 곳이었을 것입니다.

　과거에는 소위 '조세징수도급'(tax farming, 국가기관이나 관료 조직을 통하지 않고 민간 대리인이나 단체에 계약을 통해서 조세의 징수를 위탁하는 방식이나 제도를 가리킵니다 - 역주)이라 불리는 제도로 인한 세리들의 부패 때문에 말이 많았습니다. 그 제도 안에서 세리들은 세금을 부과하기 위해 일종의 허가증을 구입한 다음, 그 비용을 메꾸기 위해 혹은 이득을 보기 위해 세율을 마음대로 조정했습니다. 하지만 이것은 아우구스투스 황제에 의해 불법으로 규정된 관행이었고, 예수님 시대에는 더 이상 허용되지 않았습니다. 예수님 시대에 세리가 저지를 수 있었던 부패한 관행은 운송된 물품의 양을 더 많이 견적하는 것이었습니다. 그런데 사실 세리들을 향한 증오의 뿌리는 그들의 부패보다도, 그들이 매일 이방인들과 어울리며 로마에 협력했다는 사실에 있을 가능성이 더 큽니다. 그러한 이유로 당시 그 누구도 세리들을 좋아하지 않았습니다.

　마태의 이야기에서 놀라운 점은 주변에 있는 많은 세리들—가버나움을 지나는 무역로에는 아마도 많은 수의 세리들이 있었을 것입니다—이 함께 모여 식사하는 것이 익숙해 보인다는 점입니다. 세리들과 죄인들이 와서 예수님과 마태와 함께 음식을 먹었습니다(마 9:10). 세리들은 모두 사회로부터는 버림받고 소외된 자들이었기에, 그들 사이에는 나름의 유대감이 형성된 것처럼 보입니다. 저는 '내부자들' 사이의 유대감보다 오히려 '외부자들'끼리 동지처럼 모였을 때 느끼는 유대감이 더 끈끈하다는 것을 여러 차례 경험했습니다. 비록 '외부자'가 되는 것이 불편한 일이기는 하지만, 오히려 그렇기 때문에 다른 '외부자들'과 맺은 관계의 끈끈함은 남다를 수밖에 없는 것 같습니다.

마태를 향한 예수님의 부르심은 그가 쫓겨난 세계로 다시 들어가라는 부르심이었습니다. 마태는 예수님을 따름으로 그의 작고 소외된 세상을 벗어나 훨씬 더 많은 사람들과 관계를 맺을 수 있게 되었습니다. 마태와 다른 제자들 사이의 대조, 곧 시몬 베드로와 안드레와 야고보와 요한과의 대조는 표면적으로 극명합니다. 네 명의 어부들은 잃을 것이 많았습니다. 하지만 마태는 얻을 것이 더 많았습니다. 물론 실제적으로는 아마 잃는 것과 얻는 것이 나름 균형을 이루었을 것입니다. 네 명의 어부들은 그들이 가지고 있었던 사업의 지위와 안정성을 잃었습니다. 마태는 친한 외부자들과의 동지애를 잃었습니다. 하지만 마태는 전보다 훨씬 더 넓은 관계의 폭을 얻게 되었습니다. 물론 이것은 네 명의 어부들도 마찬가지였을 것입니다.

예수님을 따르는 것은 많은 대가를 치러야 하는 선물임과 동시에 값으로 매길 수 없을 만큼 가치 있는 선물입니다. 예수님을 따르는 것은 우리의 모든 것을 요구합니다. 예수님을 따르는 것은 우리에게 말로 표현할 수 없을 정도로 풍성한 경험, 배움, 관계를 선사합니다. 때로는 잃을 것이 별로 없다고 느끼는 사람들이, 붙잡을 것이 많아 시야가 흐려진 사람들보다 더 큰 유익을 누릴 수 있습니다. 산상수훈에 대한 NEB 번역ㅡ "하나님이 필요함을 아는 자들은 복이 있나니"(마 5:3)ㅡ을 인용하여 정리하자면, (붙잡을 것이 많아) 우리에게 하나님이 필요함을 제대로 알지 못한다면, 그 대가는 크게만 느껴질 것입니다.

묵상 28

누가복음 9:57-62 (개역개정)

⁵⁷ 길 가실 때에 어떤 사람이 여짜오되 어디로 가시든지 나는 따르리이다 ⁵⁸ 예수께서 이르시되 여우도 굴이 있고 공중의 새도 집이 있으되 인자(the Son of Man)는 머리 둘 곳이 없도다 하시고 ⁵⁹ 또 다른 사람에게 나를 따르라 하시니 그가 이르되 나

로 먼저 가서 내 아버지를 장사하게 허락하옵소서 60 이르시되 죽은 자들로 자기의 죽은 자들을 장사하게 하고 너는 가서 하나님의 나라를 전파하라 하시고 61 또 다른 사람이 이르되 주여 내가 주를 따르겠나이다마는 나로 먼저 내 가족을 작별하게 허락하소서 62 예수께서 이르시되 손에 쟁기를 잡고 뒤를 돌아보는 자는 하나님의 나라에 합당하지 아니하니라 하시니라

마가복음 10:21-22 (개역개정)

21 예수께서 그를 보시고 사랑하사 이르시되 네게 아직도 한 가지 부족한 것이 있으니 가서 네게 있는 것을 다 팔아 가난한 자들에게 주라 그리하면 하늘에서 보화가 네게 있으리라 그리고 와서 나를 따르라 하시니 22 그 사람은 재물이 많은 고로 이 말씀으로 인하여 슬픈 기색을 띠고 근심하며 가니라

이전 본문에서 우리가 제자도의 대가를 다루기는 했지만, 지금 이 두 본문이 말하는 대가는 우리에게 훨씬 더 큰 일격을 가합니다. 누가복음 본문은 예수님과 잠재적인 제자들 사이에 이루어진 세 차례의 대화를 담고 있습니다. 반면, 마가복음 본문의 경우 영원한 생명을 얻기 위해 무엇을 해야 하는지 알고자 했던 사람과 예수님 사이에 이루어진 대화의 끝부분입니

다. 그의 질문이 직접적으로 제자도와 관련된 것은 아니지만 그럼에도 분명 유사한 측면이 있습니다.

예수님이 실제로 말씀을 하신 것(혹은 하지 않으신 것)을 우리가 정확히 파악하기 어렵다고 판단하며 회의적인 입장을 취하는 학자들조차, 예수님께서 누가복음 9:57-62—그리고 이에 상응하는 마태복음 8:19-22—에 있는 말씀을 실제로 하셨다는 것에 대해서는 대체로 동의합니다. 그 표현들이 너무 거칠고 배려심이 없기 때문에 누군가 굳이 그렇게 지어내지는 않았을 것이라고 생각하기 때문입니다. 여러분이 만일 여러분의 지도자에 대한 이야기를 쓰고자 한다면, 저와 같은 표현들을 골라서 기록하지는 않을 것입니다. 이것은 또한 예수님께서 그러한 말씀을 꽤 자주 하셨다는 것을 시사합니다. 그래서 차마 저러한 표현들을 생략할 생각을 하지 못한 것이죠. 많은 사람들이 예수님의 표현에 담긴 거칠고 공격적인 부분들을 완화시키려고 애를 썼지만, 그것은 사실 불가능한 일입니다. 예수님의 말씀은 정말로 거칠고 거슬리는 말씀입니다. 그리고 저는 그것이 바로 예수님께서 의도하신 바라고 생각합니다.

누가복음에 기록된 예수님의 말씀을 묵상하는 방법 중에 제가 가장 도움이 된다고 느꼈던 방법은 가장 어렵고 곤혹스러운 길을 택하는 것입니다. 먼저 "죽은 자들로 자기의 죽은 자들을 장사하게 하고"(눅 9:60)라는 말씀을 보세요. 사실 의미상 불가능해 보이는 말씀입니다. 한 가지 해결책은 예수님께서 영적으로 죽은 자들이 육적으로 죽은 자들을 장사해야 한다는 의미로 말씀하신 것이라 가정하는 것입니다. 하지만 이것은 본문에 너무 많은 해석을 투영하는 것일 수 있습니다. 제가 가장 설득력 있다고 느낀 해결책은 유대인의 장례 관습으로 거슬러 올라가는 것입니다. 당시 유대인들은 사람이 죽으면 열기(heat) 때문에 아주 빠르게 묻었습니다. 하지만 가족들이 애도하는 1년의 시간이 지나면 그 죽은 사람의 뼈를 조상들의 뼈와 함께 골방으로 옮겼을 것입니다. 따라서 아버지가 묻힐 때까지 기다려 달라는 요청은 곧 1년을 더 기다려 달라는 요청이었을 것입니다.

가족에게 작별 인사를 하고 싶어했던 사람은 앞서 예수님에게 다가와 "내가 주님을 따라가겠습니다. 그러나 …"(눅 9:61, 새번역)라고 말했던 사람입니다. 이 사람의 경우 중대한 결정의 순간 더 먼저 해야한다고 생각한 일로 인하여 판단이 흐려졌습니다. 다시 말해, 마가복음의 본문을 포함하여 이 모든 본문들은 결국 변명과 핑계에 관해 말하고 있습니다. "저는 당신을 따르겠습니다. 하지만 더 편하고 안정적일 수는 없을까요?", "저는 당신을 따르겠습니다. 다만 1년 후에 따르겠습니다.",

"저는 당신을 따르겠습니다. 그러나 그전에 먼저 다른 일을 좀 하겠습니다.", "저는 영원한 생명을 원합니다. **동시에 제가 가진 모든 것도 놓치고 싶지 않습니다.**"

예수님의 강경한—심지어 거칠고 사나운—대답은 하나님 나라의 길을 가는 것이 얼마나 값비싼 대가를 치러야 하는 것인지를 보여줍니다. 예수님을 따르는 것은 불안과 불편함과 혼란을 동반합니다. 예수님을 따르는 것은 이미 맡고 있는 일들 위에 그저 또 하나를 얹는 수준이 아닙니다. 예수님을 따르는 것은 우리의 모든 것을 요구합니다. "저는 당신을 따르겠습니다" 뒤에는 어떤 제한도, 어떤 수식어도 붙어서는 안 됩니다. 예수님은 "저는 당신을 따르겠습니다. 그러나 …" 혹은 "저는 당신을 따르겠습니다. 다만 … 할 수는 없을까요?"와 같은 말들은 거들떠 보지도 않으십니다.

예수님은 지금도 "와서 나를 따르라"고 말씀하시며 우리를 부르십니다. 그 부르심을 처음으로 들었든, 오랜 세월을 따른 뒤에 들었든, 우리가 그 부르심에 순종하지 못하도록 가로막는 요인으로는 무엇이 있을까요? 가족? 시간(적인 제약)? 소유? 이 본문들에 등장한 예수님을 따르려고 했던 지망생들과 같이, 우리도 여전히 대답 끝에 한마디를 덧붙이고 있지는 않은지 점검해야 합니다. 여전히 변명과 핑계만을 찾고 있지는 않은지 살펴보면서요. "저는 당신을 따르겠습니다. 그러나 …"

묵상 29

요한복음 1:35-46 (개역개정 참고)

³⁵ 또 다음날 요한이 자기 제자 중 두 사람과 함께 섰다가 ³⁶ 예
수께서 거니심을 보고 말하되 보라 하나님의 어린 양이로다
³⁷ 두 제자가 그의 말을 듣고 예수를 따르거늘 ³⁸ 예수께서 돌이
켜 그 따르는 것을 보시고 물어 이르시되 무엇을 구하느냐 이
르되 랍비여 어디 계시오니이까 하니 (랍비는 번역하면 선생이라)
³⁹ 예수께서 이르시되 와서 보라 그러므로 그들이 가서 계신 데
를 보고 그 날 함께 거하니 때가 오후 네 시쯤 되었더라 ⁴⁰ 요한
의 말을 듣고 예수를 따르는 두 사람 중의 하나는 시몬 베드로
의 형제 안드레라 ⁴¹ 그가 먼저 자기의 형제 시몬을 찾아 말하
되 우리가 메시야를 만났다 하고 (메시야는 번역하면 그리스도
[Anointed]라) ⁴² 데리고 예수께로 오니 예수께서 보시고 이르시
되 네가 요한의 아들 시몬이니 장차 게바라 하리라 하시니라
(게바는 번역하면 베드로라) ⁴³ 다음날 예수께서 갈릴리로 나가려

하시다가 빌립을 만나 이르시되 나를 따르라 하시니 [44] 빌립은
안드레와 베드로와 한 동네 벳새다 사람이라 [45] 빌립이 나다나
엘을 찾아 이르되 모세가 율법에 기록하였고 여러 선지자가 기
록한 그이를 우리가 만났으니 요셉의 아들 나사렛 예수니라
[46] 나다나엘이 이르되 나사렛에서 무슨 선한 것이 날 수 있느냐
빌립이 이르되 와서 보라 하니라

마태복음, 마가복음, 누가복음이 전하는 제자들의 부르심
에 관한 이야기가 지닌 놀라운 특징 중 하나는, 어째서 그들이
예수님을 따르기 위해 배, 세관(혹은 다른 그 무엇)을 떠날 준비를
했는지에 대해서 아무런 단서도 제공하지 않는다는 것입니다.
'예수님이 나타나셔서 그들을 부르셨습니다. 그리고 그들은
떠났습니다.' 여기서 우리는 예수님의 메시지나 그분이 드러
내시는 모습에 어떤 위엄 있는 명령 같은 것이 담겨 있어서,
제자들이 그분을 따를 수밖에 없었을 것이라 추측해 볼 수도
있습니다. 마태, 마가, 누가는 그저 옆에서 지켜본 것 같은 느
낌으로 이야기를 전달하는데요. 그들의 전하는 이야기 안에는
새로운 삶을 위해, 예전의 삶을 갑작스럽게 떠나는 모습에 대
한 당혹스러움과 놀라움의 기색이 담겨져 있습니다.
요한복음의 경우 우리가 동일한 이야기로 판단하는 이야

기 가운데 또 다른 측면을 드러냅니다. 요한복음에서 우리는 안드레가 이미 '하나님이 주신 갈망(divine itch)'—지금 우리의 삶이 제공하는 그 어떤 것으로도 만족시킬 수 없는 부분이 우리 안에 있다는 감각—을 느끼고 있었다는 점을 보게 됩니다. C. S. 루이스(Lewis)는 이것을 '이 세상 그 무엇으로도 만족시킬 수 없는 갈망'으로 표현했습니다. 아우구스티누스(Augustine)의 경우 이를 두고 하나님 안에서 안식과 평안을 찾을 때까지 안절부절못하는 마음이라고 설명했습니다. 이 '갈망'은 계속해서 우리를 다그치고 종용하여 우리의 마음을 빼앗고 그 갈망을 채워줄 무언가를 찾아 나서게 만듭니다. 우리는 일이나 모임, 여행이나 그 밖에 무언가를 통해서 그 갈망으로부터 일시적으로 벗어날 수 있습니다. 하지만 결국 우리에게 필요한 궁극적인 해결책은 하나님 안에서 안식할 때, 하나님의 아들, 예수 그리스도를 따를 때, 그리고 성령으로 인해 새로워질 때 발견할 수 있습니다. '하나님이 주신 갈망'은 우리를 맨 처음 하나님에게로 이끈 동기입니다. 문제는 그것이 결코 멈추지 않는다는 데 있습니다. 심지어 우리가 하나님의 (사랑의) 부르심을 듣고 반응한다고 해도, 그 갈망은 계속해서 우리를 찾아와 하나님의 품으로 불러내고 또 불러냅니다. 그리고 하나님을 향한 더 깊은 믿음으로 이끌고, 하나님의 나라를 위해 분투하는 자리로 나가게 합니다.

요한의 이야기는 하나님이 주신 갈망에 대한 이야기입니다. 안드레는 이미 그 갈망을 느끼고 있었고 그러한 까닭에 다른 이름 없는 사람과 함께, 세례 요한의 제자가 된 것으로 보입니다. 요한복음에서 안드레는 이미 그 해결책을 찾고 있었고, 그 결과 예수님과의 만남에 이르게 됩니다. 물론 그렇게 예수님을 만난 사람이 안드레만은 아닙니다. 요한복음이 사용한 언어는 안드레뿐만 아니라 시몬 베드로, 빌립, 심지어 회의적인 나다나엘까지도 예수님이 '그분'(the one)—그들의 갈망을 채워 주실 분—이심을 곧장 인식했음을 시사합니다. 요한이 전하는 이야기, 곧 예수님께서 제자들을 부르시는 이야기는 우리로 하여금 영혼 깊은 곳에서부터 무언가를 깨닫게 합니다. 이는 또한 집으로 돌아왔다는 느낌과, 우리가 만나려고 기다렸던 이를 만났을 때 느끼는 안도감을 줍니다.

그렇다면 어떤 이야기가 맞는 걸까요? 마태와 마가와 누가가 전한 이야기, 즉 설명할 수 없는 갑작스런 결정의 순간이 맞는 걸까요? 아니면 요한이 전하는 이야기, 곧 조금씩 심해지는 갈망이 맞는 걸까요? 대답은 둘 다입니다. 그러한 결정은 종종 갑작스러우면서도 명료한 순간으로 다른 사람에게 보입니다. 그러나 실제로는—항상 그런 것은 아니지만—대개 불안하고 초조하여 여기저기 찾으러 다닌 끝에 이루어지는 결정입니다. 핵심은 하나님을 향한 갈급함이라는 감각에 익숙한 사람들, 그 감각과 함께 살아가는 사람들, 그 감각을 무시하지 않고 오히려 우리를 어디로 이끄는지 감지하는 사람들이 되는 것입니다. 그렇게 되면 갑작스레 명료한 순간이 우리를 찾아와도, 우리는 그것이 무엇인지 알아볼 수 있으며, 그분—우리가 어디로 가고 있는지는 거의 말씀하시지 않지만, 우리가 가는 길에 함께 계실 것이라는 약속을 주시는 분—과 함께 다음 모험에 뛰어들 준비를 할 수 있습니다.

주후 1세기와 마찬가지로 오늘날에도 예수님은 "와서 나를 따르라"고 말씀하십니다. 오늘날 예수님의 부르심은 그 어느 때보다도 우리가 조심스럽게 계획한 삶을 내던지게 하고, 위대한 사랑의 모험을 시작하게 만듭니다. 이제 그 누구도 중요하지 않은 사람, 소외되어야 하는 사람은 없음을 선포해야 하고, "와서 보라"고 말하며 사람들을 불러야 하며, 그들로 하여금 예수님을 발견하고 결정하도록 이끌어야 합니다. 그때 비로소 사람들은 예수님이 그들의 갈망, 곧 갈급한 마음을 채워 주실 분이며, (그들을) 본래의 자리로 돌아가게 해주실 분이라는 사실을 깨닫게 될 것입니다. 당시에나 지금이나 이 모험은 우리의 모든 것을, 아니 그 이상을 요구합니다. 그리고 당시에나 지금이나 부르심을 따르는 것은 우리에게 요구되는 대가를 치를 가치가 충분한 일입니다.

6장 나를 따라오려거든

6장 나를 따라오려거든
제자도의 특징과 대가

    사실 예수님은 자신의 제자들이 어떤 (유형의) 사람들이기를 바라셨는지 결코 말씀하지 않았습니다. 그래서 우리는 그저 (예수님이 택하신) 제자들이 예수님께서 원래부터 생각하고 계셨던 제자들이 맞는지 추측해 볼 뿐입니다. 적어도 마가복음은 예수님이 누구이신지, 무엇에 대해 말씀하시는지, 제자들이 언제나 완전히 이해한 것은 아니라는 점에 대해 분명한 단서를 줍니다. 이러한 모습은 가이사랴 빌립보에서 베드로가 마침내 예수님이 메시아이심을 알아보는 장면에서 정점에 이르게 됩니다(막 8:29). 하지만 베드로는 죽임을 당할 것을 내비치신 예수님을 잡아당겨 그분을 꾸짖었습니다(막 8:32). 이처럼 베드로는 완전히 맞추기도 했고, 완전히 틀리기도 했습니다. 베드로는 예수님이 정말로 누구이신지를 알아보기는 했지만, (베드로가 생각하기에) 그분이 누구여야 하는지를 따져 든 것입니다.

마가복음을 보면 제자들이 종종 참된 앎과 인식에 이르기 시작한 것처럼 보이기도 하지만, 사실 결코 완전히 이르지는 못했습니다. 우리가 앞으로 마가복음 본문을 읽을 때 염두에 두어야 할 점은, 마가—그리고 그의 청중들—는 예수님의 제자들이 성령으로 충만해져 하나님의 아들, 예수 그리스도의 복음을 땅끝까지 선포하게 되리라는 것을 알고 있었다는 것입니다. 우리가 기대하는 만큼 제자들이 탁월하게 시작해내지는 못했지만, 그래도 그들은 결코 포기하지 않았습니다.

마가의 제자도 이야기는 큰 위로를 주는 이야기입니다. 우리라면 예수님이 택하신 제자들을 택하지 않았을 것이지만, 예수님은 그들을 택하셨습니다. 그들이 예수님이 원래부터 생각하고 계셨던 이들이 맞을까요? 꽤 가능성이 있습니다. 나중에 그들은 제자들이라면 해야 하는 일을 했으니까요. 즉, 그들은 배웠습니다. 그들이 할 수 있었다면 우리도 할 수 있습니다. 좋은 제자가 된다는 것은 처음부터 완벽한 것이 아니라, 배울 준비가 되는 것입니다. 완벽해질 수는 없지만, 배울 수는 있으니까요.

이러한 이야기를 통해 우리는 제자도의 특징과 대가에 대해 배우게 됩니다. 예수님은 제자들이 자신으로부터 더욱 깊이 배우게 하려고 애쓰셨습니다. 예수님은 제자라면 '해야 하는 일'이 아니라, 제자는 과연 누구인지에 관해 더 많이 가르치셨습니다. 그리고 그 가르침은 그때만큼이나 지금도 중요합니다.

묵상 30

마가복음 4:35-41 (개역개정)

35 그 날 저물 때에 제자들에게 이르시되 우리가 저편으로 건너가자 하시니 36 그들이 무리를 떠나 예수를 배에 계신 그대로 모시고 가매 다른 배들도 함께 하더니 37 큰 광풍이 일어나며 물결이 배에 부딪쳐 들어와 배에 가득하게 되었더라 38 예수께서는 고물에서 베개를 베고 주무시더니 제자들이 깨우며 이르되 선생님이여 우리가 죽게 된 것을 돌보지 아니하시나이까 하니 39 예수께서 깨어 바람을 꾸짖으시며 바다더러 이르시되 잠잠하라 고요하라 하시니 바람이 그치고 아주 잔잔하여지더라 40 이에 제자들에게 이르시되 어찌하여 이렇게 무서워하느냐 너희가 어찌 믿음이 없느냐 하시니 41 그들이 심히 두려워하여

서로 말하되 그가 누구이기에 바람과 바다도 순종하는가 하였
더라

복음서들을 자주 읽다보면, 저자들이 예수님의 이야기를
얼마나 세심하게 엮어 냈는지를 쉽게 확인할 수 있습니다. 물
론 저자들은 그들이 보고 들은 예수님을 우리에게 이야기하는
것입니다. 특히 각 저자들은 자신들만의 통찰력과 기술을 활
용했고 그 덕분에 우리는 그 이야기에 흠뻑 빠져들어 하나님
의 아들, 예수 그리스도를 만나게 됩니다. 마가복음을 읽으면
읽을수록 저는 마가가 세심하게 배치한 이야기와 도발적인 표
현들에 깊은 인상을 받게 됩니다. 제 생각에 그 모든 것은 예
수님이 누구이신지 그리고 우리가 그런 예수님께 어떻게 반응
해야 하는지를 깊이 숙고하고 성찰할 수 있게 고안된 것으로
보입니다.

마가복음 4-8장은 제자들과 예수님 사이에서 진행 중인
관계의 문제에 초점을 맞추고 있습니다. 특별히 세 가지 이야
기가 눈에 띄는데요. 바로 초반 4:35-41에서 큰 광풍을 잠잠하
게 하신 사건, 중반 6:47-53에서 물 위를 걸으신 사건, 그리고
후반 8:13-21에서 바리새인들의 누룩에 관한 대화 부분입니
다. 즉, 4-8장은 예수님과 제자들 사이에 이루어진 중요한 대

화들로 구성되어 있으며, 그 중간에 또 하나의 대화가 포함되어 있습니다. 이 대화들을 서로 연결하는 두 가지 특징이 나타나는데요. 첫째, 모든 대화는 배에서 이루어졌다는 것이고, 둘째, 그 대화가 '맞은편으로 건너가면서' 이루어졌다는 것입니다. "건너간다"라는 구체적인 정보는 중요합니다. 왜냐하면 '맞은편으로 건너간다'는 묘사가 마가복음 안에서 자주 배우고 변화될 수 있는 기회를 표시하기 때문입니다(막 4:35; 5:1; 5:21; 6:45; 8:13).

이렇게 마가는 그들의 대화에 세심하게 주의를 기울여야 한다는 신호를 주고 있습니다. 그 대화는 새로운 사고 방식으로 이어질 수 있는 기회이자, 예수님께서 제자들에게서 기대하셨던 바를 드러내는 역할을 하기 때문입니다.

첫 번째 대화(막 4:35-41)는 광풍이 잠잠해진 후에 이루어졌습니다. 이 이야기에 대한 NRSV의 번역을 읽을 때마다 저는 제자들을 향해 안타까운 마음을 느낍니다. 그들은 물에 빠져 죽게 될 것 같다는 공포에 휩싸여 주무시는 예수님을 깨웠는데, 그런 그들에게 예수님은 "어찌하여 이렇게 무서워하느냐"고 되물으실 뿐이었습니다. 사실 제자들이 왜 그렇게 공포를 느꼈는지를 이해하는 것은 어렵지 않습니다. 저라도 그 임박한 죽음의 위협 앞에서 그랬을 것입니다. 하지만 예수님은 제자들에게 전혀 공감을 하지 못하는 듯한 모습을 보이십니다.

이 대화의 경우 4:40에서 "두려움"(fear, 무서움)으로 번역된 단어가, 그리스어에서 두려움을 가리키는 데 흔히 사용되는 단어가 아니라는 점을 알아야 더욱 잘 이해할 수 있습니다. 그것을 가리키는 일반적인 그리스어 단어는 **포보스**(*phobos*)—여기에서 영어 단어 포비아(phobia)가 나왔습니다—였습니다. 하지만 4:40에서 예수님은 이와 다른 단어를 사용하셨고, 그것을 최대한 옮겨보면 "너희는 왜 이렇게 겁이 많으냐(용기가 없느냐)?" 정도가 됩니다. 예수님께서 사용하신 그리스어 단어, 데이로스(*deilos*)는 단순히 두렵다는 뜻보다는 오히려 '겁이 많은 혹은 용기가 없는'이라는 의미에 더 가깝습니다. 그리고 예수님은 이것을 믿음과 결부시키셨습니다. 이는 결국 믿음이 드러나고 완성되는 방식—즉, 우리의 신뢰를 궁극적으로 신뢰할 수 있는 분에게 두는 일—은 겁은 줄어들고 용기는 늘어나는 것과 관련이 있음을 시사합니다. 제자도의 주요 특징 중 하나가 바로 이것입니다. 예수님의 제자라면 무섭고 두려운 상황에 휩싸여도 결코 겁을 먹거나 용기를 잃지 말아야 합니다.

저는 종종 교회와 그리스도인들이 겁을 덜 먹는 법을 배운다면, 과연 어떤 모습으로 변할지 궁금합니다. 제가 교회들 가운데서 들은 대화들은 대부분 두려움에 사로잡혀 있는 경우가 많았습니다. 우리는 현대 문화의 파도에 휩쓸려 끊임없이 두려움을 느끼곤 합니다. 그러면서 우리의 배, 즉 교회가 점차 세상에서 사라져 버릴 것이라고 염려합니다. 이러한 우리에게 예수님이라면 무엇을 말씀하셨을까요? 예수님이라면 그분의 첫 제자들에게 하셨던 말씀을 똑같이 우리에게도 하셨을 것입니다. "너희는 왜 이렇게 겁이 많으냐, 왜 여전히 믿음이 없느냐?"

묵상 31

마가복음 6:45-53 (새번역)

⁴⁵ 예수께서는 곧 제자들을 재촉하여, 배를 태워, 자기보다 먼저 건너편 벳새다로 가게 하시고, 그 동안에 무리를 헤쳐 보내셨다. ⁴⁶ 그들과 헤어지신 뒤에, 예수께서는 기도하시려고 산에 올라가셨다. ⁴⁷ 날이 저물었을 때에, 제자들이 탄 배는 바다 한가운데 있었고, 예수께서는 홀로 뭍에 계셨다. ⁴⁸ 그런데 예수께서는, 그들이 노를 젓느라고 몹시 애쓰는 것을 보셨다. 바람이 거슬러서 불어왔기 때문이다. 이른 새벽에 예수께서 바다

위를 걸어서 그들에게로 가시다가, 그들을 지나쳐 가려고 하셨다. ⁴⁹ 제자들은 예수께서 바다 위로 걸어오시는 것을 보고, 유령으로 생각하고 소리쳤다. ⁵⁰ 그를 보고, 모두 놀랐기 때문이다. 그러나 예수께서 곧 그들에게 말씀하셨다. 안심하여라. 나다. 두려워하지 말아라. ⁵¹ 그리고 예수께서 그들이 탄 배에 오르시니, 바람이 그쳤다. 그래서 제자들은 몹시 놀랐다. ⁵² 그들은 빵을 먹이신 기적을 깨닫지 못하고, 마음이 무뎌져 있었다. ⁵³ 그들은 바다를 건너가서, 게네사렛 땅에 이르러 닻을 내렸다.

마가복음 6장에 기록된 두 번째 배 이야기는, 어떤 면에서 보면 4장에 나온 배 이야기와 유사하다고 할 수 있습니다. 그런데 또 어떤 면에서 보면 8장에 나오는 배 이야기와 유사하기도 합니다. 4장의 이야기와의 유사성은 바람이 잠잠해지는 것입니다. 실제로 6장을 보면 제자들이 다시 바다를 건너고 있는데 또다시 바람이 불고 예수님(의 임재)으로 인해 또다시 그 바람이 그치게 됩니다. 8장의 이야기와의 유사성은, 두 이야기 모두 기적적으로 음식을 먹은 후에 벌어진 일이라는 점입니다. 즉, 마가복음 6장에서는 5천여 명이 배불리 먹었고, 8장에서는 4천여 명이 배불리 먹었습니다. 그리고 두 이야기 모두에서 제자들은 상황을 정확히 이해하지 못하는 모습을 보여줍니다.

이와 같은 방식으로 이야기들을 연결하는 것은, 지금 예수님께 '배우고 있는 학습자들'이 시간이 지남에 따라 무언가를 배웠으리라 기대되므로―즉, 이전보다 발전 내지는 개선되었을 것이므로―주의해서 보라는 의도를 담고 있습니다. 하지만 결국 제자들은 아무것도 배우지 못한 것으로 판명납니다. 그들은 지난 번과 마찬가지로 겁을 먹고 용기가 없었습니다. 물론 이번에는 예수님께서 그렇게 직접적으로 말씀하시지는 않았지만요. 이 이야기에서는 예수님께서 어떤 단어를 사용하여 무서움(두려움)을 표현하셨는지 궁금한 분들을 위해 말씀드리자면, 이번에는 흔한 단어(의 동사 형태)가 사용되었습니다(포베오 [phobeo]). 여기서 예수님의 말씀이 "안심하여라" 혹은 "용기를 내어라"로 시작하는 것은 흥미로운 부분입니다. 겁이 많고 용기가 없었던 제자들에게는 여전히 예수님이 주시는 위로가 필요했던 것입니다.

마가는 제자들이 발전하지 못한 모습을 더욱 강조라도 하려는 듯이, 예수님께서 배에 오르신 후에 제자들이 "몹시 놀랐다"고 이야기합니다(막 6:51). 사실 마가는 (번역된 표현보다) 훨씬 더 강렬한 표현을 사용했습니다. 정확히는, '대단히'와 '지나치게'

라는 수식어들을 썼고 그 다음에 '놀라다' 혹은 '미쳤다'로 번역되는 동사를 사용했습니다(이 동사가 3:21에도 사용되었습니다). 한마디로 제자들은 제정신이 아니었습니다. 몇 가지 더 가능한 표현을 써보면, 제자들은 큰 충격을 받았고, 몹시도 혼란스러워 했으며, 심각한 정신적 타격을 받았습니다. 마가는 이것이 "그들이 빵을 먹이신 기적을 깨닫지 못하고, 마음이 무뎌져 있었기 때문이라고" 이야기합니다.

어떤 면에선 이것이 좀 거친 표현이 아닌가 하는 생각이 들기도 합니다. 예수님이 그저 물 위를 걸으셨을 뿐이지 않습니까? 그 정도의 (한순간) 놀라움은 허용되어야 하지 않을까요? 저는 마가가 여기서 말하고자 하는 요점을 파악하는 일은, 그가 제자들이 느낀 놀라움의 정도를 설명하기 위해 사용한 단어들에 달려 있다고 생각합니다. 제자들은 그저 깜짝 놀란 정도가 아니었습니다. 제자들은 예수님께서 하신 일을 보고 완전히, 전적으로 압도되었습니다. 마가복음 안에서 '놀라움'이라는 단어는 대개 군중을 향해 사용되는데요. 그 단어는 보통 군중이 예수님께서 행하신 기적적인 일을 처음으로 봤을 때 느끼는 감정을 묘사하는 데 사용됩니다(이를테면, 마가복음 2:12을 보세요). 제자들을 향한 마가의 비판은 (그가 생각하기에) 제자들이 예수님과 함께 오랜 시간을 보낸 후라면, 특히 5천여 명의 사람들을 먹이신 사건을 목격한 후라면, 그분이 물 위를 걷는 것을 봤을 때 그 정도로 놀라지는 않았어야 했다고 생각했음을 보여줍니다.

이에 대한 실마리는 앞서 마가복음 4장에 나온 배 이야기에서 찾아볼 수 있습니다. 거기서 제자들은 도대체 이분이 누구냐고 서로에게 물었습니다(막 4:41). 그리고 두 장이 지나 6장을 보면, 마가가 이쯤 되면 제자들이 그 질문에 대한 대답을 할 수 있어야 한다고 생각했음을 알 수 있습니다. 곧 그들이 예수님이 정말로 누구이신지 알았더라면, 예수님께서 물 위를 걸으신 것에 그 정도로 놀라지는 않았을 것이라는 것입니다.

그렇다면 여기서 제자도의 두 번째 핵심적인 특징을 알 수 있습니다. 그것은 바로 예수님이 누구이신지에 대한 지식, 그리고 그 앎에 근거하여 마땅한 기대를 품는 능력입니다. 저는 이 부분에 있어서도 우리가 특별히 더 나을 것은 없다고 생각합니다. 하나님은 우리에게 여전히 작은 존재로 남아있습니다. 실상 우리는 하나님에게 그다지 기대를 품지 않으며, 심지어 하나님께서 일하실 때조차 자주 그것을 알아차리지 못합니다. 하지만 제자도가 제시하는 목표는 예수님이 정말로 누구이신지를 아주 깊이 깨닫는 것이며, 그에 따라 그분과 우리와 세계를 향한 마땅한 기대를 품는 것입니다.

묵상 32

마가복음 8:13-21 (개역개정)

¹³ 그들을 떠나 다시 배에 올라 건너편으로 가시니라 ¹⁴ 제자들이 떡 가져오기를 잊었으매 배에 떡 한 개밖에 그들에게 없더라 ¹⁵ 예수께서 경고하여 이르시되 삼가 바리새인들의 누룩과 헤롯의 누룩을 주의하라 하시니 ¹⁶ 제자들이 서로 수군거리기를 이는 우리에게 떡이 없음이로다 하거늘 ¹⁷ 예수께서 아시고 이르시되 너희가 어찌 떡이 없음으로 수군거리느냐 아직도 알지 못하며 깨닫지 못하느냐 너희 마음이 둔하냐 ¹⁸ 너희가 눈이 있어도 보지 못하며 귀가 있어도 듣지 못하느냐 또 기억하지 못하느냐 ¹⁹ 내가 떡 다섯 개를 오천 명에게 떼어 줄 때에 조각 몇 바구니를 거두었더냐 이르되 열둘이니이다 ²⁰ 또 일곱 개를 사천 명에게 떼어 줄 때에 조각 몇 광주리를 거두었더냐 이르되 일곱이니이다 ²¹ 이르시되 아직도 깨닫지 못하느냐 하시니라

예수님과 제자들 사이에 이루어지는 모든 대화들 가운데 단연코 제가 가장 좋아하는 이야기는 바로 마가복음 8:13-21 입니다. 우리가 이미 살펴봤듯이, 4천 명을 먹이신 사건 이후에 이 이야기가 나오는 것은, 앞서 6장에서 5천 명을 먹이신 사건 이후 제자들이 예수님과 함께 배에 탔던 일을 연상시킵니다. 하지만 이번 배 이야기에서는 어떠한 기적도 일어나지 않았습니다. 또 언뜻 어떠한 교훈이나 배움(학습)도 뚜렷하게 일어나지 않은 것처럼 보입니다.

8:13-21 본문에서 눈에 띄는 첫 번째 특징은 예수님과 제자들의 이야기가 서로 엇갈리고 있다는 것입니다. 예수님의 경우 "바리새인들과 헤롯의 누룩"에 대해 말씀하셨습니다. 누룩은 유대교(Judaism) 안에서 대개 부정적인 것으로 여겨졌습니다. 주로 악과 부패를 상징하는 것으로 생각되었습니다(이것을 감안하면, 마태복음 13:33에서 예수님이 "천국"을 누룩에 빗댄 것은 굉장히 드문 일입니다). 특히 누룩이 쉽게 퍼질 수 있다는 측면에서 그러한 생각이 유행했습니다. 여기서 예수님의 경고는, 바리새인들과 헤롯당(herodians)이 지닌 의심과 불신이 (제자들이) 세상을 바라보는 관점에 영향을 미치지 못하도록, 그들(제자들) 스스로가 얼마나 조심해야 하는지를 상기시키기 위한 의도로 보입니다.

하지만 여전히 떡에 집착하고 있었던 제자들은 전혀 다른 이야기로 들었습니다. 그들의 반응은 한마디로 엉뚱했습니다. 마가복음 안에서, 예수님께서 5천 명을 먹이실 때도 혹 4천 명을 먹이실 때도, 제자들이 수천 명을 먹일 수 있는 능력이 없다는 이유로 그들을 비난하셨다는 이야기는 전혀 없습니다. 제자들은 그들을 먹일 수 없었고, 예수님은 풍성하게 음식을 공급하셨을 뿐입니다. 그렇다면 어째서 제자들은 예수님께서 배에 떡을 가져오지 않았다는 이유로 그들을 꾸중하는 것이라 생각했을까요(심지어 그들은 떡을 하나 가지고 있었는데도요)?

이는 제자들이 그들 자신과 세계를 부정적으로 바라보는 관점에 갇혀 있었던 것과 관련이 있는 것 같습니다. 일단 예수님이 바리새인들의 누룩을 주의하라고 제자들에게 경고하기는 하셨지만, 그 경고가 너무 늦은 것처럼 보이는 상황인데요. 제자들은 이미 의심과 불신에 빠진 상태였고, 하나님 나라에서 살아가는 데 필요한 중요한 조언을, 자신들에 대한 비판으로(만) 들었습니다. 이처럼 우리가 다른 이들의 비판과 부정적인 견해에 휩쓸리게 되면, 모든 것이 (유익한 조언이 아닌) 그저 자신에 대한 비판으로만 들리기 시작합니다.

예수님께서 하신 말씀의 가장 두드러진 특징은 곧 제자들이 예수님을 이해하지 못했을 때 (예수님께서) 그들을 향해 던지신 '질문'입니다. 여기서 예수님은 제자들에게 그들이 깨달았는지, 알게 되었는지를 물으셨습니다. 또한 그들이 볼 수 있는 눈을 가졌는지, 들을 수 있는 귀를 가졌는지, 그리고 기억을 하고 있는지를 물으셨습니다. 이곳에 나오는 "깨닫다"라는 단어는 6장의 대화에서도 나왔던 단어입니다. 여기에 '알다', '보다', '듣다', '기억하다'라는 단어들이 덧붙여졌습니다. 여기서 제자도의 세 번째 핵심적인 특징이 드러납니다. 세 번째 특징은 지금 무슨 일이 일어나고 있는지를 보고 이해하는 능력, 이전에 또 어떤 일이 일어났었는지를 기억하는 능력, 그리고 보고 들은 것의 의미를 깊은 수준에서 깨닫는 능력입니다.

제자들 앞에는 모든 퍼즐 조각들이 놓여 있었지만, 그들은 그 조각들을 의미 있게 맞추지 못했습니다. 그리고 그런 제자들의 귀에 들린 것은 예수님의 비판과 책망뿐이었습니다. 저에게는 제자도의 모든 특성 가운데 이 특성이 가장 많이 와닿았습니다. 얼마나 자주 우리는 예수님의 온화한 말씀, 사랑이 담긴 말씀을 비판으로 오해하고 듣습니까? 얼마나 자주 우리는 나가서 복음을 전파하라는 예수님의 부르심을, 우리를 때리는 매로 받아들입니까? 얼마나 자주 우리는 하나님 나라에 사는 것에 대한 조언을 우리 자신에 대한 쓴소리로 받아들입니까?

무엇보다도 가장 큰 비극은 이와 같이 메시지를 잘못 듣고 있다는 것은 결국, 제자들과 같이 우리 역시 예수 그리스도의 영광스러운 복음을 알지 못하고 깨닫지 못하고 보지 못하고 듣지 못하고 기억하지 못하고 있음을 의미한다는 것입니다. 이것이 바로 예수님이 정말로 누구이신지를 알고 또 그것이 우리와 세상에 어떤 의미인지를 깨닫는 것이, 제자도의 가장 중요한 특징 중 하나인 이유입니다.

묵상 33

마가복음 8:34 (개역개정)

³⁴ 무리와 제자들을 불러 이르시되 누구든지 나를 따라오려거든 자기를 부인하고 자기 십자가를 지고 나를 따를 것이니라

여기까지 책을 읽었다면 제자도의 대가가 얼마나 큰 것인지에 대해 그 누구도 이의를 제기하지 않을 것입니다. 우리는 제자도의 값비싼 대가라는 주제를, 첫날 광야에 대해 처음 살펴본 이래로 계속해서 살펴봤습니다. 예수님을 따른다는 것은 그분이 가신 곳을 따라갈 준비가 되어 있어야 한다는 뜻입니

다. 우리는 험악한 광야로 나갈 준비, 시험과 유혹 앞에서 정체성과 부르심에 충성할 준비가 되어 있어야 합니다. 그리고 익숙함과 편안함을 뒤로 하고 다른 그 무엇보다 예수님을 따르는 것을 우선시할 수 있어야 합니다. 그런데 누군가가 이러한 이야기들 외에 마지막 결정적인 한방을 듣고 싶어한다면 저는 다음과 같은 이야기를 전하고 싶습니다. 예수님을 따르는 것은 곧, 예수님이 그러셨던 것처럼, 우리도 우리의 십자가를 지겠다는 것입니다.

문제는 이 말이 실제적으로 '무엇을 의미하는가?'입니다. 마가복음 8:34에 기록된 명령은 가이사랴 빌립보에서 이루어진 베드로의 선언 이후의 문맥입니다. 우리가 앞서 4장, 6장, 8장에 기록된 배 이야기들에서도 봤듯이, 점점 더 심각해지고 있는 문제의 핵심은 바로 제자들이 예수님이 누구이신지 전혀 이해하지 못하고 있다는 것입니다. 그러다 8:29에서 베드로가 마침내 우리가 계속해서 기다려 왔던 내용을 선언합니다. 곧 예수님이 메시아라는 것이었습니다. 이제 우리는 안도의 한숨을 쉬게 됩니다. 드디어 제자들 중 하나가 예수님이 정말로 누구이신지를 보고 듣고 알고 깨닫고 선언한 것입니다.

그러나 안도의 한숨을 다 내뱉기도 전에, 우리는 우리가 조금 성급했다는 것을 깨닫게 됩니다. 베드로는 예수님께서 메시아이심을 깨닫기는 했지만 그것이 정말로 무엇을 뜻하는지는 받아들이지 않았습니다. 베드로는 예수님의 칭호(title)는 받아들였지만, 그분의 정체성은 받아들이지 않았습니다. 마귀와 바리새인들, 십자가 주위로 모여든 사람들과 같이, 베드로는 예수님이 누구이신지 그리고 그분이 어떻게 소명을 이루어야 하는지에 대해서, 자신이 직접 정의를 내리고 싶어했습니다. 베드로는 예수님이 메시아라는 것이 곧 그분이 고난을 받고 죽음을 당해야 한다는 의미라는 사실을 받아들이지 않았습니다(막 8:32). 베드로는 분명 고통과 고난과 죽음의 이미지가 아닌, 군대의 행진과 권세와 영광의 이미지를 떠올리고 있었을 것입니다.

이후 베드로에게, 그리고 나머지 제자들과 함께 온 무리들에게 하신 예수님의 대답은 곧 고난과 죽음을 받아들여야 하는 부르심을 받은 것이 자신만이 아니라, 그들도 마찬가지라는 것이었습니다. 베드로에게는 점점 더 안 좋은 소식만 전해진 것입니다. 그는 예수님이 누구이신지에 대한 생각을 버려야 했을 뿐만 아니라, 이것이 그의 삶에도 일어날 일이라는 것을 받아들여야 했습니다.

마가복음 8:34에 기록된 부르심에는 두 가지 측면이 있습니다. 곧 자기를 부인하는 것과, 자기 십자가를 지는 것입니다.

물론 실제적으로 이 둘은 긴밀하게 연결되어 있습니다. 이 '부인하다'라는 단어는 이후 마가복음 안에서 예수님께서 잡히시고 재판을 받으실 때, 특히 베드로가 (예수님을 부인함으로) 예수님에게서 분리된 것을 가리킬 때 사용됩니다(막 14:30-31, 72). 사실 복음서들 안에서 이 부르심이 (재귀적으로) '우리 자신'에게 적용되는 곳은 이 구절이 유일합니다. 흥미롭게도 이와 유사한 방식의 언급이 디모데후서 2:13에서도 나타나는데요. "우리는 신실하지 못하더라도, 그분은 언제나 신실하십니다. 그분은 자기를 부인할 수 없으시기 때문입니다."(딤후 2:13, 새번역) '하나님이 자신을 부인한다'라는 개념은 하나님이 그분의 본성과 맞지 않는 행동을 하신다는 의미처럼 보입니다. 그리고 이는 마가복음 본문을 이해하는 데 큰 도움이 됩니다. 즉, 우리 자신을 부인하는 것은 곧 우리의 본성—즉, 우리 자신과 우리의 관심사를 세상의 중심에 놓는 본성, 무슨 수를 써서라도 고난과 죽음을 피하고자 하는 본성—으로부터 벗어날 것을 요구하는 일입니다. 예수님을 따르는 것은 인간 본성의 일부를 거스르고, 다른 누군가(예수님)를 우리 세계의 중심에 놓을 것을 요구하는 일입니다. 곧 예수님이 어디로 가시든지—심지어 죽음에 이르는 십자가의 행렬 중에 있다고 할지라도—그분을 따를 준비가 되어야 할 것을 요구하는 일입니다.

물론 우리는 예수님의 제자들 가운데 그 누구도 이와 같이 따르지 않았다는 사실을 잘 알고 있습니다. 그들은 십자가의 행렬에 이르기 훨씬 전부터 이미 도망쳤습니다. 물론 이후 기독교 전통을 보면, 수십 년이 지난 후에는 예수님의 제자들 중 많은 이들이 예수님이 가신 길을 따라 갔음을 알 수 있습니다. "자기 십자가를 지라"는 부르심은 '죽음과 영광'을 향한 자기 학대적이고 승리주의적인 부르심이 아닙니다. 마태복음과 마가복음 버전의 말씀을 받아들이든, 아니면 자기 희생에 대한 보다 은유적인 이미지를 암시하는 누가복음 버전의 말씀— "자기를 부인하고 날마다 제 십자가를 지고 나를 따를 것이니라"(눅 9:23)—을 받아들이든지 간에, 결론은 동일합니다. 예수님의 부르심은 무슨 수를 써서라도 죽으라는 것이 아니라, 바로 '자기 숭배'로부터 벗어나라는 것입니다. 2,000여 년 동안 '자기 숭배'는 언제나 가장 강력하게 군림했습니다. 더욱이 오늘날 우리 자신을 부인하는 것은 예수님 시대 때보다 더욱 쉽지 않은 문제가 되었습니다. 예수님께서 첫 제자들을 부르신지 2,000여 년의 시간이 흘렀음에도 불구하고, 우리는 첫 제자들과 마찬가지로 이 가장 중요한 교훈을 배우려 고군분투하고 있습니다.

묵상 34

마가복음 8:34-37 (개역개정)

³⁴ 무리와 제자들을 불러 이르시되 누구든지 나를 따라오려거든 자기를 부인하고 자기 십자가를 지고 나를 따를 것이니라 ³⁵ 누구든지 자기 목숨을 구원하고자 하면 잃을 것이요 누구든지 나와 복음을 위하여 자기 목숨을 잃으면 구원하리라 ³⁶ 사람이 만일 온 천하를 얻고도 자기 목숨을 잃으면 무엇이 유익하리요 ³⁷ 사람이 무엇을 주고 자기 목숨과 바꾸겠느냐

    제자도에 관한 예수님의 말씀의 후반부는 다소 수수께끼 같은 느낌이 있습니다. 어떻게 목숨을 잃는 것과 구원하는 것을 동시에 할 수 있단 말입니까? 간단하게 대답하자면, 예수님을 따름으로 그렇게 할 수 있습니다. 간단한 대답은 여기서 끝이 납니다. 이 말씀을 정말로 수수께끼로 받아들이는 것이 가장 좋을 수도 있습니다. 그렇게 우리는 그 말씀을 더욱 깊이 묵상하고, 씨름하고, 또 우리 각자에게 무슨 의미일지 살펴봄으로써 더 많이 배울 수도 있습니다. 그럼에도 이러한 묵상을

도와줄 몇 가지 통찰을 조금 더 나누어 보려고 합니다.

우리가 이 본문에서 주목해야 할 한 가지 특징은, 34절에서 예수님이 세 차례나 사용하신 명령법―자기를 부인하라, 자기 십자가를 지라, 나를 따르라―입니다. 이 명령들을 번역해서 옮기기가 어려운 이유는, 처음 두 명령의 경우 부정과거 시제(aorist tense)로, 마지막 세 번째 명령은 현재 시제로 되어 있기 때문입니다. 대체로 부정과거 명령은 단일한 행동(single action)을 가리키고, 현재 명령은 지속적으로 진행 중인 행동을 가리킵니다(물론 이것을 지나치게 기계적으로 적용하지 않는 것도 중요합니다). 따라서 우리가 받고 있는 부르심은, 단호하고 명확하게 우리 자신에게서 돌아서서, 우리 자신의 십자가를 지고, 그러고 나서 어디로 가든지 예수님을 따르는 지속적인 활동에 참여하라는 부르심입니다.

예수님은 이 수수께끼 같은 말씀을 사용하여, 그 의미를 계속해서 설명하십니다. 이에 대한 또 다른 단서는 마가복음 8:36에 있는데요. 이 구절에 나오는 "온 천하를 얻다"라는 표현은 세 복음서 모두에서 나타납니다(마 16:26; 막 8:36; 눅 9:25). 이 표현은 중요합니다. 마태복음과 누가복음에서 "온 천하를 얻다"라는 표현은 마귀의 시험들 가운데 하나를 강하게 연상시키기 때문입니다. 거기서 예수님은 경배를 조건으로 온 천하의 영광을 제시 받았습니다. 그리고 이제 '목숨'으로 번역된 그리스어 단어의 보다 넓은 의미를 떠올려보면, 밝은 해석의 빛이 동트기 시작합니다. 이 그리스어 단어는 **프쉬케**(*psuche*)인데요. '영혼'(soul)으로도 번역될 수 있습니다. 그리고 신구약성경에서 그 단어가 사용된 용례를 더 광범위하게 조사해보면, '생명력' 혹은 '당신이 정말로 누구인지'로 번역하는 것이 가장 나은 선택으로 보입니다. 즉, 예수님은 자신이 정말로 누구인지—성부 하나님과 깊은 관계, 친밀한 관계에 있는 자—를 버리는 대가로 온 천하를 제시 받으신 것입니다. 만일 예수님이 그것을 잃어버렸다면 과연 무엇을 얻을 수 있었을까요?

우리가 이 구절을 의역(혹은 반복)해보면, 훨씬 더 잘 이해가 될 것 같습니다. "너희가 나를 따르는 사람들이 되고 싶다면, 너희의 타고난 인간 본성—다른 무엇보다도 자기 보전, 자기 성공만을 추구하는 본성—을 부인해라. 삶의 원동력이—모든 권리, 특권과 함께—자신의 삶을 보전하는 데 있는 자들은 결국 모든 것을 잃게 될 것이다. 그러나 생존에 지나치게 얽매이지 않는—너무 얽매이지 않아서 때로는 죽음까지 불사하는—자들은, 그렇게 함으로써, 그들이 정말로 누구인지를 알게 될 것이다. 결국에 가서 너희 자신을 잃어버리게 된다면, 온 천하를 상으로 얻는다고 해도 무슨 의미가 있느냐? 너희 자신을 잃어버리면, 뭐가 남겠느냐?"

이것은 전설 속 파우스트가 그의 영혼을 악마에게 팔았을 때 배운 교훈이기도 합니다. 온 천하의 명성과 영광을 쫓는 일은 우리를 사로잡고 지배하여, 그것을 추구하는 과정에서 우리 자신을 잃어버리게 할 수 있습니다. 이것은 모든 사람이 삶에서 재발견해야 할 교훈이자, 반복하고 또 반복해서 배워야 하는 교훈입니다. 영광스러운 트로피들과 화려하게 빛나는 상들이 우리에게 속삭이며 우리의 영혼을 바치면 온 천하를 주겠다고 약속할 때, 우리는 그 강렬하고 지독한 유혹 앞에 쉽게 흔들리는데요. 하지만 그것들을 우리의 목표로 삼는다고 해도, 결국에는 모든 것이 손에 먼지처럼 흩어지게 될 것입니다.

오늘날의 언어로 표현하자면, 예수님의 부르심은 곧 자기 발견(으로의 부르심)이라고 할 수 있습니다. 문제는 행복과 마찬가지로 자기 발견 역시 표면적인 접근으로는 성공할 수 없다는 것입니다. 행복과 자기 발견 둘 모두를 추구하는 길은 언제나 실망과 실패로 귀결될 것입니다. 마치 구름을 손에 쥐려고 하는 것처럼, 우리가 그 둘을 붙잡으려고 하면 할수록, 오히려 점점 더 멀어지게 될 것입니다. 여러분이 진정 누구인지 발견할 수 있는 유일한 길은 그렇게 쫓아가는 일을 멈추는 것입니다. 그러한 추구로부터 뒤돌아서서 묵묵히 걸어갈 때, 오히려 궁

흌과 사랑의 삶, 심지어 고난과 죽음의 삶을 품을 때, 비로소 우리는 우리의 진정한 정체성을 발견할 수 있습니다. 이는 마치 수많은 동화에 나오는 마법의 문과 같습니다. 찾는 것을 멈출 때 비로소 찾을 수 있습니다.

여러분의 '목숨'을 잃는 법을 배우는 것은 분명 직관을 거스르는 일입니다. 그렇기 때문에, 우리 일생에 걸쳐 거듭 반복해서 배워야 하는 교훈이지만 동시에 이미 너무나 자명한 진리입니다. 예수님은 우리를 자기 발견이라는 모험—우리가 우리 자신에게서 돌아설 때에야 시작할 수 있는 모험, 우리 자신에게서 등을 돌리고 고난과 죽음과 그 너머를 향해 그분을 따를 때 시작할 수 있는 모험—으로 부르십니다. 이는 분명 값없이 주시는 풍성한 은혜의 선물이지만 동시에 우리의 모든 것으로 값을 치러야 하는 선물이기도 합니다.

이것이 제자도의 특징이자 대가입니다. 사실 이 두 가지는 서로 얽혀 있습니다. 광야에 계셨던 예수님에게, 하나님의 아들이 되는 지름길 같은 것은 없었습니다. 기적적으로 음식을 얻고, 하나님이 아닌 대상을 경배하며, 스스로 일으킨 문제로부터 구출되기 위해 하나님을 의지하는 것이 잠시 매력적으로 보였을지도 모르지만, 그러나—예수님께서도 잘 알고 계셨던 것처럼—그 길은 하나님의 아들이라는 정체성의 핵심에서 멀어지는 길이었습니다. 이와 같이 우리 역시 예수님의 제자됨을 우리 정체성의 핵심으로 삼으라는 부르심을 받았습니다. 이 여정 역시 지름길 같은 것은 없습니다. 우리는 목숨을 부인하는 희생과, 삶을 뒤바꾸는 변화로 부르심을 받았습니다. 예수님은 우리가 그토록 갈망하는 행복과 정체성을 찾으려면, 성공과 영광으로부터 돌아서서, 우리의 모든 권리와 특권을 내려놓으라고 말씀하십니다.

서론에서도 살펴봤듯이, 제자는 랍비의 눈으로 세상을 보는 법을 배우는 사람입니다. 이것은 우리에게 지속적으로 찾아오는 겁과 두려움을 물리칠 용기를 요구함과 동시에, 깊은 깨달음을 가진 사람—곧 세상 속에서 하나님의 일하심을 보고 들을 수 있으며, 지금까지 하나님이 행하신 모든 일들을 기억하는 사람, 또 그러한 일들을 있는 그대로 받아들이고, 그것이 무슨 의미인지 이해할 수 있는 사람—이 될 것을 요구합니다. 우리는 이러한 깨달음을 통하여, 우리 자신을 부인하게 되고, 예수님을 따르는 것만이 지혜로운 행로임을 알게 됩니다.

에필로그

    광야로 떠났다가 다시 돌아오는 사순절 여정의 끝에 다다랐습니다. 이제 우리는 전혀 예상하지 못했던 분명한 통찰을 가지게 되었습니다. 저는 시몬 베드로, 안드레, 야고보, 요한—심지어 요한복음의 빌립과 나다나엘—이 예수님을 따르는 것이 그들의 삶에 어떤 의미가 될 것인지, 아주 조금이라도 알아차렸을 것이라 생각하지 않습니다. 만일 예수님께서 처음부터 그것을 분명하게 설명하셨다면, 그들은 결국 따르지 않기로 결정했을 가능성이 큽니다. 아쉽지만 우리는 그들이 예수님을 따르기로 한 그들의 결정에 관해 어떤 생각을 품고 있었는지 알 수 없습니다. 하지만 우리가—그 제자들이 중간에 포기하지 않았고, 또 예수님이 부활하시고 성령이 오신 이후에는 하나님 나라의 복음을 세상 끝까지 선포하러 나갔다는 사실로부터—추론해 볼 수 있는 것은, 그들은 그만한 대가를 치를 만한 가치가 충분하다고 결론을 내렸다는 것입니다.

2,000여 년이 지난 지금도 여전히 예수님은 "와서 나를 따라오너라"고 말씀하시며 우리를 부르고 계십니다.

"나를 따라오너라. 나를 따라 광야로 가서 구원과 소망을 준비하여라"

"나를 따라오너라. 나를 따라 정체성과 부르심을 깊이 깨달아라. 그러면 시련과 시험 앞에서도 흔들리지 않고 굳건히 설 수 있을 것이다"

"나를 따라오너라. 그리하면 내가 어떻게 사람들을 자기 인식의 순간과 결단의 순간으로 이끌 수 있는지 가르쳐 줄 것이다"

"나를 따라오너라. 십자가의 길로"

예수님을 따르는 것은 큰 용기와 지혜가 필요한 일입니다. 직관을 거슬러 자기 보전과 자기 유익의 방향에서 단호하게 돌아서야 합니다. 여러분이 생각하는 것보다 더 많은 것을 내어놓아야 합니다. 하지만 여러분이 제자도의 여정으로 깊이 들어서서 배우고 깨닫고 변화하게 되면, 이전에는 생각조차 할 수 없었던 일들이—우리를 부르신 분의 발자취를 따라 걷는 길 위에서—자연스럽게 이루어질 것입니다.

우리가 제자도에 관해 이야기할 때면, 자칫 개개인의 이야기나 혹 내면의 이야기로 흘러가기가 쉬운데요. 우리가 진정으로 예수님의 발자취를 따르게 된다면, 우리는—예수님과 같이—우리 자신을 넘어서서 사랑과 긍휼이 절실이 필요한 세상을 볼 수 있게 될 것입니다. 우리가 주님으로부터 배울 때 일어나는 변화의 여정 가운데, 우리는 예수님의 눈으로 세상을 바라보게 됩니다. 그리고 우리는—R. S. 토마스(Thomas)의 표현을 빌리자면—사람들이 희망을 품고 가느다란 팔을 뻗고 있는 그을린 땅과 해묵은 건물들을 볼 때, 긍휼한 마음을 가지고 이렇게 고백하지 않을 수 없게 됩니다. "나로 가게 하소서"

묵상과 나눔

묵상과 나눔 1장

- 1장에 나온 성경 본문들로 나눔을 시작해보세요. 광야에 대한 본문들 중에 특별히 더 와닿은 본문은 어떤 본문이었나요? 그 이유는 무엇이었나요?

- 모임의 구성원들과 함께 읽고 싶은 본문을 정해보세요. 모두가 좋아하는 본문이 될 수도 있겠고, 모두가 그다지 좋아하지 않는 본문이 될 수도 있을 것입니다. 본문이 정해지면, 함께 읽고 묵상하며 나누는 시간을 가져보세요.

혹은

- 1장에 나온 모든 성경 본문들을 읽어보세요. 그렇게 오래 걸리지는 않을 것입니다. 모임의 구성원들이 돌아가면서 큰 소리로 읽어보세요.

- 함께 읽고 묵상하며 깨달은 점을 나눠보세요. 어떤 주제들이 눈에 띄었나요? 각 주제들이 서로 잘 어울리나요?

나눔

광야

- 광야라고 부를만한 장소에 실제로 가 본 적이 있나요? 그곳에서 어떤 감정을 느꼈나요?

- 오늘날 우리가 "광야"(에 있다)라고 부를 만한 경험으로는 무엇이 있을까요? 개인적인 경험일 수도 있겠고, 국내외 소식과 관련된 경험일 수도 있을 것입니다. 또 일상적인 경험일 수도 있겠고, 교회에서 일어나는 경험일 수도 있을 것입니다.

- 오늘날 우리가 광야를 경험한다고 할 때, 하나님께서는 어떤 식으로 구원해주실 수 있을까요?
- 우리의 삶에 관해 이야기할 때 광야의 이미지를 사용하는 것은 어떤 면에서 도움이 될까요? 혹 어떤 면에서 도움이 되지 않을까요?

광야에서의 분투

- 서로에 대해 충분히 잘 안다고 판단된다면, 광야에서 겪은 어려움들을 나누어 보세요. 광야를 정서적인 황폐함으로 이해하고, 그것을 경험한 시간, 그때 배운 교훈을 나누는 것도 유익할 것입니다. (다만 모임에서 이 문제를 감당할 수 있다고 판단되는 경우에만 나누는 것이 좋을 것 같습니다!)
- 누군가 "나는 광야에 아주 오랜 시간 있(었)는데, 하나님께서는 저에게 구원을 베풀지 않으셨습니다"라고 말한다면, 우리는 그 사람에게 뭐라고 말할 수 있을까요?

광야로 들어간다는 것

- 이사야가 말한 것처럼, 때로 우리가 하나님을 예비하기 위해 자발적으로 광야에 나갈 필요가 있다고 한다면, 그것은 실제적으로 어떤 의미일까요?

묵상과 나눔 2장

성경묵상

- 마가복음 1:2-13을 천천히 읽어보세요.

- 1-2분 정도 조용히 마음에 들리는 소리에 귀를 기울여 보세요.

- 본문을 다시 읽어보세요. 이번에는 중요하다고 느껴지는 단어나 표현에 귀를 기울여 보세요.

- 눈에 띄었던 단어와 표현에 대해 나누어 보세요. 그것이 왜 중요하다고 느껴졌는지 함께 나누어 보세요.

나눔

징후(sign) 알아차리기

마가는 그의 이야기 안에서 일어나는 일들의 의미와 중요성을 드러내기 위해 애썼습니다.

- 자신의 이야기가 구약성경이 끝난 부분에서 시작하고 있다는 사실을 밝히는 것이 마가에게 왜 그토록 중요했을까요?

- 지난 시간에 한 광야에 대한 묵상을 떠올려보세요. 그것을 감안할 때, 세례 요한이 그의 메시지를 선포하기 위해 광야로 나간 것은 어떤 의미일까요? 그것이 왜 중요할까요?

- 세례 요한의 역할에 대한 다양한 단서들이 주어졌음에도 불구하고, 많은 사람들이 정확히 무슨 일이 일어나고 있는지, 그 일이 왜 중요한지를 몰랐습니다. 이렇듯 오늘날 우리가 하나님의 임재와 일하심을 잘 인식하지 못하는 이유는 무엇일까요?

회개

세례 요한과 예수님의 메시지의 핵심은 회개였습니다.

- 여러분에게 '회개'라는 단어는 어떤 의미인가요? 그 단어가 도움이
  된다고 생각하나요? 아니면 도움이 되지 않는다고 생각하나요?

- 오늘날 많은 사람들이 회개라는 개념에 어려움을 느끼는 이유가 무엇
  이라고 생각하나요?

- 만약 '회개'라는 단어 대신에 다른 단어를 사용한다면, 어떤 단어를
  고를건가요?

- 어떤 단어를 사용하든지 간에, 만일 우리가 회개라는 개념을 놓치게
  된다면, 우리가 덩달아 잃게 되는 것은 무엇일까요?

하나님의 음성 듣기

하나님의 음성이 광야에서 더 분명하게 들릴 때도 있습니다.

- 어떤 사람들은 하나님의 음성을 듣는 데 있어서 침묵이 불가결하다고
  생각합니다. 반면, 또 어떤 사람들은 침묵이 우리를 무력하게 만들며
  지나치게 가혹한 것이라고 생각합니다. 당신은 어떠한 경우에 더 하
  나님의 음성을 분명하게 듣습니까?

- 당신이라면 하나님이 음성을 듣고 싶을 때 어디로 가겠습니까?

동산과 사막

- 예수님께서 광야에서 겪으신 일을 전하는 마가의 이야기를 에덴 동산
  이야기, 곧 아담과 하와의 이야기가 역전된 것으로 본다면, 얻게 되는
  통찰은 무엇일까요?

묵상과 나눔 3장

- 마태복음 4:1-10을 천천히 읽어보세요.

- 1-2분 정도 조용히 마음에 들리는 소리에 귀를 기울여 보세요.

- 본문을 다시 읽어보세요. 이번에는 4절을 읽은 뒤에, 신명기 8:3을 읽어보세요. 7절을 읽은 뒤에, 신명기 6:16과 시편 91:11-12을 읽어보세요. 10절을 읽은 뒤에, 신명기 6:13을 읽어보세요.

- 구약성경 본문과 함께 읽을 때, 다른 점이 있나요?

나눔

시험과 유혹

- '시험'과 '유혹'이라는 단어들에 대해 이야기해 보세요. 마태복음의 이야기라면, 어떤 단어를 쓰는 것이 더 낫다고 생각합니까? 이 단어들과 함께 사용할 만한 단어는 또 무엇이 있을까요?

- 사순절에 무엇을 하고 있는지 생각해보세요. 사순절에는 유혹들을 물리치는 것은 중요할까요? 그렇다면 왜 그런지, 아니라면 왜 아닌지에 대해서 이야기해 보세요.

- 사순절 기간 동안 당신이 어떤 (유형의) 예수님의 제자인지 알아보고 싶다면, 그것을 알아보기 위해 무엇을 할 수 있을까요?

마귀

어떤 사람들은 마귀에 대해 일절 이야기하지 않는 반면, 또 어떤 사람들은 자주 이야기합니다.

- '마귀'에 대해 어떻게 생각하나요? 실제로 존재한다고 생각하나요? 우리 세계 안에 인격화(의인화)된 악이 실제로 있다고 생각하나요? 혹은 '마귀'에 대해 전혀 이야기하지 않는 것이 오히려 더 낫다고 생각하나요?

- 사람들이 자주 마귀에 대해 이야기하는 방식과 관련해서 도움이 될 만한 일, 혹은 도움이 되지 않는 일이 있다면 무엇일까요?

- 여러분은 고발하는 역할에 대해 어떻게 생각하나요? 의문을 제기하는 일이 어떤 시기에 하나님을 향한 적극적인 반역으로 이어진다고 생각하나요?

광야를 떠도는 일

- 예수님이 광야에서 시간을 보내신 일을, 이스라엘 백성이 출애굽 이후 광야에서 겪은 일을 재현하고 변형시킨 것으로 본다면, 얻게 되는 통찰은 무엇일까요?

- "사람이 떡으로만 살 것이 아니요 하나님의 입으로부터 나오는 모든 말씀으로 살 것이라"(마 4:4). 이 말씀의 의미가 무엇이라고 생각하나요? 만일 이 말씀대로 산다면, 그 삶은 어떤 모습일까요?

- '증거 본문으로 대하며 읽기'(자신의 선입견이나 전제에 따라 본문을 읽고, 문맥과 상관없이 인용하여 자의적으로 해석하는 읽기 방식을 가리킵니다 - 역주)에 대해 생각해보세요. 성경 구절을 인용하는 것이 '증거 본문으로 대하며 읽기'로 뒤바뀌는 것은 언제일까요? 증거 본문으로 대하며 읽기는 항상 잘못된 것일까요?

- 오늘날 사람들은 하나님 대신에 누구를 혹은 무엇을 경배하라는 유혹을 받을까요?

묵상과 나눔 4장

성경묵상

- 누가복음 4:1-13을 읽은 후 23:34-39을 읽어보세요. 그리고 주기도문을 함께 읊어보세요.

- 1-2분 정도 조용히 마음에 들리는 소리에 귀를 기울여 보세요.

- 어떤 주제들이 눈에 띄나요? 서로 나누어 보세요.

나눔

나 자신을 아는 일

- 이 본문의 중심에는 하나님께서 우리를 누구로, 무엇을 하라고 부르셨는지를 알아야 한다는 주제가 담겨 있습니다. 우리는 어떻게 하면, 예수님처럼 이 부분을 잘 알아갈 수 있을까요?

- 예전이나 지금이나 사람들은 '우리'(교회 혹은 그리스도인)가 어떤 존재여야 하는지에 대해 말하기를 좋아합니다. 이에 대한 경험이 있다면 나누어 보세요.

- 다른 사람들에게 "이렇게 되라"고 혹은 "이렇게 행동하라"고 말하고 싶은 생각이 드는 이유는 무엇일까요? 반대로 그러한 이야기를 들으면 어떻게 반응하나요?

- 시험 앞에서 견고히 서서 변하지 않는 것이, 언제 완고한 고집으로 혹은 다른 사람들의 의견을 듣지 않는 태도로 기울게 되나요? 어느 때에 확고하게 고집해야 하고, 어느 때에 경청하고 변화해야 하는지를 어떻게 분별할 수 있을까요? 이러한 부분에 있어서 우리가 예수님으로부터 배울 수 있는 점은 무엇일까요?

시험

- 여러분의 인생에서 겪은 가장 큰 시험들을 떠올려 보세요. 그 모든 시험들이 (누가의 이야기에서와 같이) 마귀로 인해 이루어진 것이라고 생각하나요? 그렇게 볼 때 유익한 점은 무엇인가요? 반대로 유익하지 않은 점은 무엇인가요?

- '시험'(시련)은 왜 바위 위에 뿌려진 씨가 자라지 못하도록 막나요? '좋은 땅'에서 자란 씨는 무엇이, 어떻게 다른가요? 우리의 뿌리가 깊어지게 하려면 어떻게 해야 할까요?

- 왜 예수님께서 우리가 "시험의 때에 들지 않도록 기도하라"고 말씀하셨다고 생각하나요?(눅 11:4)

- 시험이 닥쳤을 때 견디려면 우리 자신을 어떻게 준비시켜야 할까요?

묵상과 나눔 5장

성경묵상

- 누가복음 5:1-11과 요한복음 1:35-46을 천천히 읽어보세요.

- 두 본문을 읽는 사이에 잠깐 시간을 두고, 1-2분 정도 조용히 마음에 들리는 소리에 귀를 기울여 보세요.

- 두 본문에서 어떤 주제가 눈에 띄나요? 부르심과 관련하여 두 본문이 보여주는 유사점과 차이점은 무엇인가요?

나눔

"따르라"는 부르심

저는 오랜 시간 그리스도인으로 살아왔지만, 그럼에도 불구하고 그 어느 때보다 "따르라"는 부르심을 강하게 느낀 순간들이 있습니다. 여러분 역시 유독 분명하게 부르심을 들은 순간들이 있을 것입니다.

- 다른 어느 때보다 예수님의 "따르라"는 부르심을 강하게 느낀 순간 (들)이 있습니까? 언제, 어떤 일이 있었나요?

- 분주한 삶 속에서는 "따르라"는 부르심을 듣기가 어렵습니다. 어떻게 하면 (우리 삶 속에서) 예수님의 부르심에 반응할 수 있을까요?

- 시몬 베드로, 안드레, 야고보, 요한에 관해 이야기해 보세요. 본문은 그들이 따랐던 모든 것을 버렸다고 이야기합니다(하지만 또 이후에는 그들의 가족과 배에 대해 이야기하기도 합니다). 예수님의 부르심이 그들의 삶을 어떻게 변화시켰나요? 그로부터 우리가 배울 점은 무엇일까요?

- 예수님을 따른다는 것이 당신에게는 어떤 의미인가요?

예수님으로부터 배우는 일

- 제자들은 예수님과 함께 시간을 보내는 방식으로 (무언가를) 배웠습니다. 예수님의 임재 가운데서, 그분과 함께 시간을 보내기 위해 우리는 무엇을 할 수 있을까요?

- "사람을 낚는 어부"가 어떤 의미라고 생각하나요? 오늘날 우리는 그 일을 어떻게 해낼 수 있을까요?

어부와 세리

- 시몬 베드로, 안드레, 야고보, 요한이 가난한 노동자들이 아닌 중산층 사업자들이었다면, (당신에게) 어떤 의미 차이가 있나요?

- 예수님을 따르기 위해 어부들이 포기한 것과, 마태가 포기한 것에 대해 이야기해 보세요. 어떠한 경우가 더 어려웠을 것 같나요? 당신은 예수님을 따름으로 인해 무언가를 포기해 본 적이 있나요?

- 오늘날 우리가 예수님을 따르지 않으면서 변명과 핑계를 대는 것은 무엇이 있을까요? "저는 예수님을 따를 것입니다. 하지만 …"이라는 문장 뒤에 말을 이어보세요.

하나님이 주신 갈망

- 하나님이 주신 갈망을 느껴본 적이 있나요? 이는 '마음의 동요, 자신을 초월한 무언가에 대한 갈급함 그리고 어떤 일을 했어야 한다는 느낌이 들게 함과 동시에 왜 그런 느낌이 드는지를 정확히 모르는 상태'를 가리킵니다. 만약 그런 상태를 경험해 본 적이 없다면 이 질문을 넘어가세요. 혹 있다면 함께 나누어 보세요. 또한 그러한 갈망이 느껴진다면 어떻게 해야 할까요?

묵상과 나눔 6장

성경묵상

- 마가복음 4:35-41, 6:45-53, 8:13-21을 천천히 읽어보세요.

- 세 본문을 읽는 사이에 잠깐 시간을 두고, 1-2분 정도 조용히 마음에 들리는 소리에 귀를 기울여 보세요.

- 세 본문에서 어떤 주제가 눈에 띄나요? 예수님은 제자들에게 무엇을 말씀하셨나요? 예수님이 제자들에게 말씀하실 때, 어떤 목소리 톤으로 말씀하셨을 것 같나요?

나눔

제자도의 특징

- (우리가 살펴본) '배'와 관련된 세 장면에서 비롯된 단어/표현에 대해 나누어 보세요.

    - "어찌하여 이렇게 무서워하느냐"(막 4:40).
    - "그들이⋯깨닫지 못하고 도리어 그 마음이 둔하여졌음이러라"(막 6:52).
    - "아직도 알지 못하며 깨닫지 못하느냐 너희 마음이 둔하냐, 너희가 눈이 있어도 보지 못하며 귀가 있어도 듣지 못하느냐 또 기억하지 못하느냐"(막 8:17-18).

- 우리가 이 말씀들을 제자로서 살아가는데 필요한 교훈으로 삼는다면, (이 말씀들은 우리에게) 실제적으로 어떤 의미를 가질까요? 이 말씀을 교훈으로 삼는다면, 개인은 어떻게 살아야 하며, 교회는 어떤 모습을 보여야 할까요?

제자도의 대가

- 자기를 부인하고 자기 십자가를 진다는 것은 어떤 의미라고 생각하나요?

- 마태복음과 마가복음 버전의 말씀("자기 십자가를 지고"[마 16:24; 막 8:34])과, 누가복음 버전의 말씀("날마다 제 십자가를 지고"[눅 9:23]) 사이에 어떤 차이점이 있다고 생각하나요? 어떤 말씀이 우리로부터 더 많은 것을 요구하나요?

- 마가복음 8:34-37에 대해 나누어 보세요. 여기서 예수님은 무엇을 말씀하고 계신 것이라 생각하나요? 어떻게 목숨을 구원하기 위해 목숨을 잃을 수 있을까요?

- 마가복음 8:34-37을 자신만의 표현으로 의역해보세요. 그리고 모임의 구성원들과 함께 나누어보세요.

광야와 제자도

마지막 시간이므로 지난 나눔들을 다시 한번 떠올려 보세요.

- 당신에게 특별히 중요했던 내용이 있었나요?

- 더 깊이 생각해보고 싶은 내용이 있었나요?

- 당신의 일상에 어떤 변화를 시도해 볼 생각인가요?

구약성경

신약성경

광야의 의미

초판1쇄	2022. 02. 23
저자	폴라 구더
역자	이학영
편집자	김덕원 박선영 최선종 하늘샘
표지디자인	장미림

발행인	이학영
발행처	도서출판 학영
전화	02-853-8198
팩스	02-324-0540
주소	서울시 관악구 남부순환로 168길 68-2
이메일	hypublisher@gmail.com
총판처	기독교출판유통

ISBN	9791197769603 (03230)
정 가	15,000원